뇌를 속이는 시험공부

최신 뇌과학의 고득점 비결

뇌를 속이는 시험공부

최신 뇌과학의 고득점 비결

뇌의 특성을 최대한 활용하라

　　우리 인생은 시험의 연속입니다. 시험 없는 인생은 상상조차 할 수 없습니다.

　　초등학교 입학과 함께 시작되는 시험은 지옥 같은 대학입시에서 정점을 이룹니다. 그것이 끝이 아닙니다. 취업에서 유리한 위치를 차지하기 위한 대학 학점 관리, 각종 자격증·능력시험, 입사시험, 공무원시험 그리고 승진시험…. 학생뿐 아니라 직장인·사회인도 시험에서 자유로울 수 없습니다.

　　한마디로 "인생은 시험입니다."

　　이제 시험을 잘 보고 시험에서 합격하는 방법 즉, 시험공부법은 전 국민의 관심사입니다. 수험생뿐 아니라 학부모, 대학생, 직장인과 사회인 등 거의 모든 사람들이 더 효율적인 시험공부법에 목말라 하고 있습니다.

　　하지만 우리 현실은 썩 만족스럽지 못합니다. 시중에 나와 있는 관련 서적들은 대부분 주관적이거나 개인적인 경험 위주입니다. 결론적으로 "무조건 열심히 공부하라!"라며 다그칠 뿐입니다. 이 때문에 많은 수험생들이 효과적인 시험공부법을 몰라 방황하거나 힘들어 합니다.

이런 현실에서 〈뇌를 속이는 시험공부〉는 시험공부를 하는 여러분에게 '가뭄에 단비'와 같은 지원군이 될 것입니다. 최신 뇌과학을 바탕으로, 지금까지 볼 수 없었던 과학적, 효율적인 시험공부법을 알기 쉽게 제시합니다. 시험공부의 망망대해茫茫大海에서 등대와 같은 역할을 할 것입니다.

이 책은 지난 10여 년간 일본에서 가장 널리 읽힌 시험공부 분야의 베스트셀러입니다. 시험이라는 측면에서 한국과 상황이 흡사한 일본의 수험생들에게 가장 큰 도움이 된 시험공부법을 담고 있습니다. 따라서 그 효과는 한국 수험생들에게도 마찬가지일 것입니다.

저자 이케가야 유지는 저명한 뇌과학자로, 현재 일본 최고 명문대인 도쿄대학 조교수입니다. 저자는 고등학교 때에도 학원에 다니지 않고 독학으로 입시공부를 해 한 번에 도쿄대 이과1에 합격했습니다. 약학부에 1등으로 진급하였고, 도쿄대 대학원에 수석입학 하였습니다. 그럼에도 고등학생 때에나 지금이나 구구단을 외우지 못하는 특이한 일화와 개성의 소유자입니다.

저자는 이 책을 쓰기 위해 뇌과학의 정보를 아낌없이 활용하였다고 합니다. 정보의 중요한 두 가지 요소인 신선도와 정확성은 어느 정도 이율배반적인 관계에 있습니다. 저자는 "뇌과학 100년의 고전적 지견에서부터 최신 정보까지 균형 잡힌 배치를 위해 고심하였다."라고 말합니다.

여러분은 기억이 뇌의 어느 부분에서 만들어지며, 어디에 저장되는지 알고 있습니까? 뇌의 구조를 모른 채 공부하면, 규칙을 모른 채 운동 연습을 하는 것과 비슷합니다. 규칙을 이해하고 연습에 임하면, 그만큼 효율적인 연습이 가능하며 그만큼 빠르게 실력이 향상됩니다.

공부도 마찬가지입니다. 효율적인 공부법을 찾기 위해서는, 먼저 뇌의 규칙을 제대로 이해하는 것이 중요합니다. 그리고 뇌의 특성을 거스르지 않고, 오히려 그 특성을 최대한 활용해야 합니다.

저자는 그 첫걸음으로 "뇌를 속여야 한다."라고 강조합니다. 도대체 왜 그럴까요?

여기서 공부는 학교공부나 입시공부만을 지칭하지 않습니다. 앞서 말했듯이 대학생, 직장인, 사회인의 각종 시험공부도 포함합니다. 따라서 이 책은 모든 시험공부에 적용되는 최상의 공부법을 담고 있습니다.

　이제 이 책의 내용에 따라 최선을 다하는 사람에게 실패란 있을 수 없습니다. 부디 이 책이 대학입시를 비롯한 각종 시험을 준비하는 여러분에게 최대한의 도움이 되기를 간절히 기원합니다.

　　　　　　　　　　　　　　행복포럼 발행인 김창기

목차

뇌 심리학 칼럼

체험담

제1부

기억의 정체를 알자

1. 능력은 시험을 통해서만
판단할 수 있는가

기억은 정말 신기하다. 도대체 기억은 뇌의 어느 부분에 존재할까? 선생이 학생의 겉모습만 봐서는 자신의 가르침을 정확히 기억하는지 알 수 없다. 기억은 필기나 메모와 같이 우리 눈에 보이는 물체가 아니기 때문이다.

그래서 시험이 등장했다. 선생은 제대로 가르쳤다는 확신에서 아무런 주저 없이 자신만만하게 문제를 낸다. 시험결과가 좋지 못하면 '당신의 머릿속엔 지식이 없다'는 판단을 받는다. 그리고 학습 의무를 다하지 않았다는 이유로 불량 학생이라는 낙인이 찍힌다.

그런데 시험의 답을 알고 있었지만 시간이 부족해 쓰지 못한 경우나, 생각 날듯 말듯 하다가 답안지를 제출한 순간 번뜩 답이 떠오르는 경우도 있다. 설령 그렇다 해도 전혀 알지 못했던 학생과 동일한 0점을 받는다. 시험을 잘 보기 위해 기울인 노력에도 불구하고 태만, 무능이라는 낙인이 찍히고 만다. 그때 느끼는 억울함은 이루 말로 표현하기 힘들 것이다.

시험 보는 학생들이 좋은 점수를 얻기 위한 최선의 조치는, 시험을 보기 전에 어떤 문제가 나올지 예상하고, 답을 빨리 생각해낼 수 있게 준비하는 것이다.

자, 지식이라는 눈에 보이지 않는 것을 실체화하기 위한, 혹은 지식의 유무를 확인하기 위한 방법은 시험밖에 없을까? 예를 들면, 시험이 아니라 뇌 속 사진을 찍어 지식의 유무를 확인할 수는 없을까? 나아가 '명석한 두뇌'라든지, '발군의 기억력' 같은 능력을 좀 더 간단히, 좀 더 확실한 방법으로 확인할 수는 없을까?

사실 현대 뇌과학은 부분적이긴 하지만 그런 마법에 가까운 일도 가능케 한다. 두개골 안에 뇌가 있다는 사실은 모두가 잘 안다. 기억도 뇌 안 어딘가에 분명히 존재한다. 그런데 기억이 고체나 액체라면 찾기 쉽겠지만, 그렇지 않기에 의학연구계도 뇌를 정복해야 할 최후의 요새로 여기고 있다.

하지만 컴퓨터 기억이 하드디스크라는 자기磁氣를 사용한 매체이며, 음악CD의 정체가 레이저를 반사시키는 미세한 돌기인 것처럼, 뇌의 기억도 어떤 물리적 모습으로 뇌에 틀림없이 존재한다. 만약 그렇지 않다면, 기억이라는 작업 자체가 불가능하다.

'기억했다'는 것은 뇌에 어떤 정보의 흔적이 있음을 의미한다. 그러므로 어떤 장치를 뇌에 사용하면 그 정보를 실제로 볼 수 있다. 실제로 저자의 연구실에서는 뇌 정보 관찰에 성공했다. 그리고 시험으로는 알 수 없는 잠재 상태까지 부분적으로 밝혀냈다.

2. 신경세포가 만들어 내는 뇌

뇌과학은 기억의 실체를 다음과 같이 정의한다.

기억이란 신경회로의 동력動力을 수단으로 하여, 시냅스의 중요
한 공간에 외부 시공간視空間 정보를 투영함으로써 내부 표현을 획
득하는 행위.

무슨 말인지 도통 모르겠다. 알기 쉽게 설명하면, 기억의 정체
는 새로운 신경회로의 형성이다.

여기서 신경회로라는 단어가 처음 등장했다. 사람의 뇌 속에
는, 일설에 의하면 약 1,000억 개의 신경세포가 있다고 한다(의외
로 아직도 정확한 수는 밝혀지지 않았다). 하나하나의 신경세포는
저마다 1만 개의 다른 신경세포와 신경섬유라는 케이블로 연결되
어 있다. 그것이 바로 신경회로이다.

한 번 상상해 보라. 신경회로는 수많은 집(신경세포)이 촘촘한

도로(신경섬유)로 연결되어, 도시(신경회로)를 이루고 있는 모습과
도 같다.

도시 주위를 도로가 그물처럼 감싸고 있는 모습처럼, 뇌에도
신경회로라는 그물망이 있다. 그 그물망 위를 신경신호가 뛰어다
닌다. 이 신경신호를 사용하여 뇌는 정보를 처리한다. 그것은 마
치 컴퓨터가 전기신호를 사용하여 연산演算을 수행하는 것과 비슷
하다.

컴퓨터는 반도체라는 특수한 부품으로 만든 복잡한 회로로 이
루어져 있다. 정교한 프로그램을 사용하여 이러저러한 이동 순서
를 정한다. 그곳에 전기를 흘려보내면 결과가 나오는 구조이다.

전기회로 위를 움직이는 데이터는 전하가 '흐를 때'와 '흐르지
않을 때'에 대응하여 0과 1이라는 단순한 디지털 신호로 바꾸어 보
존되거나 읽힌다. 덧셈뿐 아니라 다른 어떤 복잡한 계산도, 나아가
음성이나 동영상 따위의 데이터도 0과 1, 다시 말해 전하가 '흐를
때'와 '흐르지 않을 때'에 대응하여 이진법으로 처리된다. 뇌의 기
억이나 처리 방법도 실은 이와 비슷한 디지털 신호를 사용한다.

간단하게 설명하기 위해 신경 네트워크 속 신경섬유를 모눈종
이와 같은 격자 모양이라고 상상해 보라. 그리고 그 모눈종이에
가득히 그림이나 글씨를 썼다고 가정하자. 멀리서 보면 그림이나
글자로 보이겠지만, 가까이서 보면 모눈종이의 칠해진 칸과 칠해
지지 않은 칸의 두 종류로 나누어질 뿐이다. 다시 말해 이것 역시
이진법이다. 바로 이 점이 뇌와 컴퓨터의 구조상 공통점이다.

3. 외운다 vs. 잊는다

계속해서 컴퓨터의 예를 사용하여 설명하겠다. RAM과 하드디스크의 관계는 뇌의 단기短期기억과 장기長期기억의 관계와 비슷하다.

컴퓨터의 하드디스크는 데이터를 장기간 보존하기 위한 장치이다. 그 장치는 백과사전 수백 권, 아니 수천 권 분량의 정보도 기억할 수 있다. 하지만 하드디스크밖에 없는 컴퓨터라면 아무짝에도 쓸모가 없다. 정보를 모으기만 해서는 안 되며, 모은 정보를 사용할 수 있어야 컴퓨터로서의 역할이 가능하다.

그것을 위해 하드디스크 속의 필요한 정보만을 RAM에 불러낸다.

RAM은 정보의 일시적 보관 장소이다. 다시 말해 뇌 속의 단기기억과 같다. 컴퓨터는 RAM으로 불러낸 정보만을 이용한다. 반대로 새로운 정보를 저장할 때에도 일단 RAM을 경유하여 하드디스크에 보존한다. 간단히 말해 RAM은 컴퓨터의 기억과 바깥세상을 연결하는 다리 역할을 한다.

여러분의 뇌 속에서도 이와 비슷한 일이 일어난다. 다시 말해 단기기억은 장기기억에서 정보를 불러오거나, 장기기억에 정보를 보존하기 위한 일시적 보관 장소와 같다. 실제로 기억을 뇌에 장기간 보존하려면, 대개 단기기억을 거친다.

하지만 단기기억은 작은 약점을 가지고 있다. 그것은 바로 용량이 작다는 점이다. 한 번에 많은 양의 정보를 동시에 단기기억으로 보존할 수는 없다. 게다가 그런 정보는 바로 지워지고 잊어버리게 된다(그래서 단기기억이라고 부른다).

예를 들면, 컵라면을 먹기 위해 주전자에 물을 끓이던 도중에 친구로부터 전화가 걸려와 너무 즐겁게 대화하다 보면, 뇌 안에서 주전자에 대한 기억이 지워지고 만다. 주전자에 대한 기억은 일시적인 기억이다. 컴퓨터도 이와 같다. 문서 작성 도중에 하드디스크에 저장하지 않은 채 전원을 끄면, 처음부터 다시 문서를 작성해야 한다. RAM 다시 말해 단기기억은 이와 같다.

따라서 장기기억을 만들기 위해, 어떻게 단기기억을 잘 활용하느냐가 해결의 실마리인 셈이다.

예를 들면, 보존할 때 제대로 이름을 붙이고 파일에 분류·정리해 두지 않으면 다음에 그 정보가 필요할 때 바로 끄집어낼 수 없다. 그것은 내 뇌 속에 정보는 있는데 시험장에만 가면 생각나지 않는 비극의 씨앗이 될 수 있다.

창고에 넣긴 넣었는데 구석에 처박혀 있는, 뒤죽박죽 혼란스런 상태…. 그런 상태는 창고보다 쓰레기장이라는 표현이 더 잘 어울릴지 모른다. 대충대충 기억하면 여러분의 뇌 속에서도 이와 같은 현상이 일어날 수 있다.

　이 책에는 먼저 이런 관점에서 지식을 얼마나 효과적으로 흡수할 것인가를 생각할 것이다. 그 첫 번째 키워드는 해마이다. 해마를 논하지 않고는 기억에 관한 이야기를 할 수 없을 정도로 해마는 기억에서 중요한 위치를 차지한다.

색채심리학 1

여러분의 공부방은 어떤 색을 많이 사용했는가? 색이 사람의 뇌기능에 큰 영향을 끼친다는 사실을 알고 있는가?

예를 들면, 패스트푸드점 간판이나 가게 안은 대부분 빨간색을 기반으로 한다. 이는 빨간색이 식욕을 가장 돋우는 색이기 때문이다. 진화 과정에서 인간이 야생 육식동물이던 시절에 남은 습성일 것이다. 붉은 색조를 사용하면 더 많은 손님을 불러들일 수 있다.

반대로 배가 부를 때 가장 혐오하는 색 또한 빨간색이다. 그러므로 식사를 마친 손님은 빨간 가게 안에서 불쾌감을 느끼고 바로 자리를 뜨게 된다.

다시 말해 자리 회전이 빨라지는 효과가 있다.

이처럼 색과 마음의 관계를 연구하는 학문을 색채심리학이라고 한다.

어느 색채심리학자가 운동복의 색 효과를 연구했다.[1] 권투나 레슬링처럼 홍 코너, 청 코너로 나눠서 하는 경기의 양쪽 승률을 조사했다.

실력이 비슷한 선수들을 대상으로 조사해 보니 홍 코너 선수의 승률은 62%, 청 코너는 38%였다. 붉은 색 운동복을 입는 것만으로 상대보다 1.5배 이상의 확률로 이길 수 있었다. 이런 데이터를 통해 알 수 있듯이 색이 가져오는 효과는 결코 무시할 수 없다.

그럼 공부할 때 색을 통해 어떤 효과를 얻을 수 있을까. 다음 뇌 심리학 칼럼을 보라.

4. 해마에 관해 알아보자

사람의 뇌에는 장기기억과 단기기억이 있다는 사실을 알았다.

장기기억의 보존 장소는 대뇌피질이다. 뇌의 하드디스크, 다시 말해 배운 지식을 보관하는 장소이다.

뇌의 하드디스크 용량이 얼마나 되는가는 아직 정확히 알지 못한다. 하지만 지금 여러분이 보거나 듣거나 느낀 모든 정보를 세세한 부분까지 모두 대뇌피질에 저장하면, 몇 분 지나지 않아 기능이 마비된다고 말하는 뇌 연구자도 있다.

'뭐? 용량이 고작 그것밖에 안 돼?' 라고 생각할 수 있겠지만, 반대로 '그만큼 많은 정보가 뇌 속으로 계속 들어온다' 고 받아들이는 것이 더 정확하다. 모든 정보를 전부 기억하는 것 자체가 애초에 불가능하며, 다 받아들인다 한들 무의미한 일일 뿐이다. 컴퓨터처럼 메모리를 증설할 수 있다면 좋겠지만, 뇌에는 그런 장치가 없다. 한정된 메모리를 효과적으로 활용하기 위해 뇌는 '필요한 정보' 와 '불필요한 정보' 를 구분한다. 마치 재판관처럼 정보의 가치에 따라 판결을 내린다. 그 결과, 필요한 정보라고 판단된 정보만 대뇌피질로 보내진다. 그리고 그곳에서 장기 보관된다.

그럼 그 구분 작업, 다시 말해 필요·불필요한 정보를 판단하는 문지기는 대체 누구일까? 그것은 뇌의 해마이다.

해마는 귀 뒤쪽 깊숙한 곳에 있는 뇌의 일부분이다. 두께 1cm, 길이 5cm 정도로, 새끼손가락을 약간 구부린 듯한 바나나 형태를 하고 있다. 뇌의 이 부분을 해마라고 부르게 된 유래에 관해서는 여러 설說이 있지만 아직 정확히 밝혀지지는 않았다.

해마와 대뇌피질

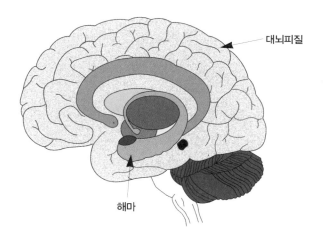

대뇌피질

해마

해마라는 이름을 지닌 문지기에게 필요한 정보로 인정받아야 관문을 무사히 통과해, 장기기억이 될 자격이 주어진다. 심사 기간은 짧게는 약 한 달이다. 이 심사 기준은 상당히 엄격하기 때문에 어지간한 경우가 아니면 한 번에 합격하지 못한다.

그럼, 어떤 정보가 해마의 심사를 통과하기 쉬울까? 내일 시험 볼 영단어일까? 고대 로마 황제의 이름일까?

아쉽지만 둘 다 아니다. 통행 허가의 판단기준은 놀랍게도 '삶에 꼭 필요한 정보인가' 이다.

영단어를 외우지 못해 다급한 독자에게 영단어는 무엇보다도 필요한 정보이겠지만, 해마는 그런 우리들에게 너무 가혹하다. '영단어 한두 개 못 외워도 생명에 큰 지장은 없다'며 통과시켜 주지 않는다. 단기 보관 창고에서 장기기억으로의 복사를 허가해 주지 않는다. 여러분이 학교에서 배우는 지식의 대부분은 해마가 '삶에 꼭 필요한 정보인가' 라는 기준에 '아니다' 는 판단을 내릴 정보이다.

잘 생각해 보라. '썩은 냄새가 나는 음식은 먹으면 식중독을 일으킨다' 라든가 '돌이 머리를 향해 날아오면 꼭 피해야 한다' 같은 정보와 '소크라테스는 기원전 399년에 죽었다' 같은 교과서적인 지식, 둘 중 어느 쪽이 삶에 꼭 필요한 정보일까?

사람은 사람이기 이전에 동물이다. 살기 위한 본능이 다른 어떤 본능보다도 강하다. 동물에게 학습이란 위험한 상태를 극복한 경험으로부터 얻은 정보를 기억하고, 다시는 같은 상황에 처하지 않도록 피하며, 환경에 잘 적응해 가는 행위이다.

색채심리학 2

스포츠는 붉은 색이 더 효과적이라고 설명했다. 여러분은 스포츠보다 공부에서 색이 어떤 영향을 미치는가를 더 알고 싶을 것이다. 과연 색은 공부에 어떤 영향을 미칠까? 지능지수를 평가하는 IQ테스트로 색이 미치는 영향을 실험해 보았다.[2]

같은 문제를 문제지의 겉표지 색만 빨강, 파랑, 초록, 검정 등 여러 색으로 바꾸어 풀게 하였다. 그러자 놀랍게도 빨강 표지를 받은 수험자들만 점수가 낮았다. 적게는 10%, 많게는 30%나 떨어졌다.

표지처럼 눈에 잘 띄는 곳이 아니라 해답란의 칸이나 문제지 구석 등에 빨간색이 조금만 보여도 동일한 결과를 확인할 수 있었다. 아무래도 빨강은 IQ를 저하시키는 효과가 있는 듯하다.

스포츠 경기에서는 빨강이 유리한데 시험에서는 왜 불리할까. 정말 이상하다. 이 수수께끼는 다음과 같은 실험을 통해 풀 수 있었다.

'간단한 문제'와 '어려운 문제' 두 종류 문제를 준비한다. 마음에 드는 것을 골라 문제를 풀게 한다. 물론 어느 쪽을 선택해도 공정하게 점수에 반영된다. 이런 동등한 조건에서 시험을 시작했음에도 빨강이 눈에 들어오면 간단한 문제를 택하는 사람이 늘어났다.

빨강은 '좋아! 어려운 문제에 도전해보자!' 하는 열의를 저하시키는 색이다. IQ 저하 역시 이 결과를 통해 설명할 수 있다. IQ테스트는 시간 내에 다 풀 수 없을 정도로 많은 문제를 낸다. 마지막까지 포기하지 않고 도전해야 좋은 점수를 얻을 수 있다. 빨강은 지능 자체를 저하시키기보다 하고자 하는 열의를 저하시켜 IQ를 떨어뜨린다.

실제로 IQ테스트 고안자들 중 한 명인 알프레드 비네는 지능을 이루는 3대 요소를 논리력(수학), 언어력(국어), 열의熱意로 정의하였다. 마지막 열의는 자칫하면 잊어버리기 쉬운데, IQ테스트는 그 사람의 열의도 반영하도록 잘 설계된 시험인 것이다.

자, 이 검증된 사실을 기초로 색이 스포츠에 미치는 영향을 다시 생각해 보자. 앞에서 빨강 유니폼을 입으면 승률이 높아진다고 말했다. 한 번 생각해 보라. 빨강색 유니폼을 입으면, 빨강색을 더 자주 보는 사람은 자신과 상대방 중 어느 쪽일까? 그렇다. 상대방이다. 다시 말해, 빨강색 유니폼은 상대 선수를 정신적으로 압박해 자신을 우위에 두는 색이라고 할 수 있다.

그렇기 때문에 저자 역시 가급적 공부방에는 빨강색을 쓰지 않으려고 노력한다.

그럼 어떤 색을 사용하면 좋을까? 유감스럽게도 머리를 좋아지게 하는 색은 아직 발견하지 못했다. 저자는 공부방에 대자연을 떠올리게 하는 녹색을 많이 사용한다. 혹은 공부 도중에 기분 전환을 겸해 공원이나 강가를 거니는 등 조금이라도 녹색이 많은 곳에서 간단한 삼림욕을 즐긴다. 녹색에는 기분을 진정시키고 집중력을 높이는 효과가 있는 것 같기 때문이다.

5. 힘내라, 해마

해마는 삶에 꼭 필요한 정보인가 하는 기준으로 정보를 버릴지 기억할지를 정한다. 안전한 학교 교실에서 배우는 지식은 지금 당장 닥칠지 모르는 위험에서 우리를 구해 주지 못한다. "한쪽 귀로 듣고 다른 쪽 귀로 흘려버린다."라는 말처럼, 해마는 끊임없이 정보를 삭제하고 있다.

사람이 소비하는 전체 에너지 중 20%를 뇌가 사용한다. 무게로 따지면 뇌는 체중의 겨우 2%에 불과하다. 에너지 효율 측면에서 얼마나 뇌가 대식가인지를 가늠할 수 있다.

장기기억에 정보를 저장하기 위해서는 에너지를 소비해야만 한다. 불필요한 정보를 뇌에 저장하기 위해 에너지를 사용하는 것은 에너지의 낭비이다. 이런 측면에서 보면 해마는 절약가처럼 보이기도 한다. 에너지 낭비에 불과한 쓸모없는 정보는 통과시키지 않는 '재정 담당 공무원'이다.

그러므로 여러분이 "하나도 못 외우겠어."라며 한숨지어도, 그것은 어찌 보면 어쩔 수 없는 일이다. 왜냐하면 애초에 뇌는 기억하기보다 잊어버리기에 능하기 때문이다.

뇌과학적 측면에서 보면 "정말 못 외우겠다."라는 탄식은 지극히 당연하다. 겨우 겨우 노력해 외운 지식을 다시 잊어버렸다고 끙끙대며 고민할 필요도 없다. 자신의 뇌만 그런 것이 아니라 우리 모두의 뇌는 대개 잘 잊어버린다.

"어떤 삶이든 얼마만큼의 비는 내린다." 롱펠로(시인)

하지만 여러분에게는 수업 중에 실수해 창피 당하거나, 입시에 떨어지는 것은 식중독으로 고생하는 것만큼 중요한 일일 것이다. 그런데 아쉽게도 우리 안에서 일하는 해마는 주인인 우리의 희망에 따라 유연하게 기준을 바꾸지 않는다.

그 이유는 해마가 아직 '진화적 미완성' 단계에 있기 때문이라고 생각된다. 해마가 현재 모습으로 진화한 것은 포유류가 생기고 난 뒤이다. 길게 어림잡아 2억5,000만 년 전이다. 반면 사람이 고차원적 문화를 발전시키기 시작한 것은 진화의 역사로 말하면 상당히 최근, 겨우 1만 년 전이다.

생물이 진화하기 위해서는 수백만 년 내지 수억 년이라는 세월이 필요하다. 따라서 해마가 급속히 발전한 인간 문명에 걸맞은 진화를 이루기에는 아직 역사가 너무 짧다.

그럼 학교에서 배우는 지식을 진화적 미성숙 단계인 해마가

'필요한 정보'로 분류하게 하기 위해 어떻게 해야 할까? 이 질문이 여러분이 가장 알고 싶은 것이 아닐까?

그 방법은 한 가지밖에 없다. 해마를 '속이는' 것이다. 하지만 해마에게 뇌물을 줄 수도, 울면서 매달리며 마음을 흔들 수도 없는 노릇이다.

해마가 필요한 정보로 인식하도록 만들기 위해서는, 가능한 한 정열적으로 꾸준히 성실하게 반복하여 정보를 입력하는 수밖에 없다. 그러면 해마는 '이렇게 끈질기게 들어오는 정보는 분명 필요한 정보임이 틀림없어'라고 착각해 결국 대뇌피질에 정보를 통과시켜 준다.

뇌과학은 "학습은 반복훈련이다."라는 옛말에 매우 공감한다.

그러므로 공부한 내용을 잊어버렸다고 해서 그때마다 실망하거나 신경 써서는 안 된다. 필요하면 다시 외우면 된다. 그렇게 외운 단어를 다시 잊어버린다 해도, 그래도 포기하지 말고 다시 외워라. 이렇게 몇 번이고 반복해서 외우면 뇌는 그 지식을 장기기억에 옮겨 놓을 것이다. 하지만 그렇게 고생해서 겨우 내 것으로 만든 지식을 또 잊어버리면, 어떻게 해야 할까? 몇 번이나 노력해 겨우 외웠는데….

답은 같다. 다시 외우는 수밖에 없다. 이것만은 어쩔 수 없다. 뇌는 가능한 한 빨리, 많은 정보를 잊어버리도록 설계돼 있기 때문이다. 다시 말해 성적이 좋은 사람은 계속 잊어버려도 포기하지 않고 해마에 반복하여 정보를 집어넣는 노력가인 셈이다.

〈뇌를 속이는 시험공부〉라는 제목의 이 책을 읽으면 분명히 손쉽게 성적을 올릴 수 있을 것이라고 생각한 사람들에게는 실망스러운 결론일지도 모르겠다. 시험 때문에 좋지 않은 경험을 한 여러분 중에는 "왜 컴퓨터처럼 한 번 입력한 정보가 영구히 저장되지 않는 것일까?" 하며 억울해 하는 사람도 있을 것이다.

하지만 한 번 생각해 보라. 쉽게 외우지 못하는 원인은 뇌의 용량이 작기 때문일 수 있다. 하지만 더 본질적인 이야기를 하면, 만약 한 번 본 모든 것을 반영구적으로 기억하게 되면, 인간의 삶은 힘들어질 것이다. 이전에 기억력이 매우 뛰어난 한 '환자'가 있었다. 루리아병이라는 병에 걸린 사람이다. 아침에 일어나서 잠자리에 들기까지 모든 일, 거리에서 마주친 모르는 사람들의 얼굴, 도로에 방치돼 있던 자전거까지 잊어버리지 못한다. 우리 생각에는 부러울 수도 있겠지만 비정상적으로 뛰어난 기억력은 실제 생활에 매우 불편하게 작용한다.

그가 밤에 잠자리에 들면, 낮에 본 풍경이 차례로 머릿속에 떠오른다. 망각 없는 기억력을 가진 그는 차례로 나타나는 시각상視覺像이 생각을 방해하고, 결국 현실과 상상의 경계를 잃어 환각상태에 빠지고 만다. 그는 필사적으로 기억을 지우려고 발버둥 치다 끝내 노이로제에 걸리고 만다.

어떤가? 쉽게 잊어버릴 수 있는 우리는 얼마나 행복한 사람들인가. 우리가 좋든 싫든 관계없이 뇌는 잊어버리도록 설계되어 있다. 아니, 대단한 일이 아니면 기억하지 않도록 신중하게 설계되어 있는 뇌에 감사해야만 한다.

하지만 꼭 기억해야만 시험에 붙을 수 있는 상황이라면, 해결책은 단 하나, 계속 복습해 뇌를 속이는 수밖에 없다. 이것이 바로 대원칙이다.

"가장 속이기 쉬운 사람은 자기 자신이다." 불워 리튼(영국 정치가)

그러므로 이 책은 지금부터 '어떻게 하면 능숙하게 반복훈련을 할 수 있을까'에 초점을 맞추겠다.

'뇌를 속이는' 수밖에 없다고 단언하긴 했지만, 사실 작은 요령이 있다. 그 요령이야말로 시험에서 높은 점수를 받는 공부법의 비결이다. 그 요령을 습득하고, 해마를 잘 속이는 '사기꾼'을 세간에서는 '머리 좋은 사람'이라고 부른다.

그래서 이 책에서는 우선 뇌의 원리를 설명하면서 조금씩 그 요령을 전수하고자 한다. 자, 마음의 준비가 되었는가. 일단 기초편으로 기억의 생리학에서 시작하겠다.

고1 때 배운 과목으로 시험 보면 불리한가요?

저는 지금 고등학교 1학년 때 배운 생물을 수험과목으로 할지 고민하고 있습니다. 대충 한번 공부한 내용이니 대강의 내용을 파악하고 있어 유리할 것 같기 때문입니다. 그리고 중간 · 기말고사 때에는 벼락치기였지만 대체로 좋은 점수를 받았습니다.

그런데 고3이 되어 모의고사를 봤는데, 100점 만점에 37점을 받았습니다. 외래어로 된 생물용어들은 '이런 걸 배운 적이 있었나?' 싶을 정도로 전부 다 잊어버렸습니다. 차라리 고2 때 배운 화학이 더 기억에 남아 있을 것이고, 고3 때 배운 물리라면 잊어버리기 전에 입시를 치를 수 있을 것 같아, 고1 때 이수한 과목을 수험 때 선택하면 불리할 것 같았습니다.

이제 와서 고1 중간 · 기말시험 문제를 보관해 두었다가 가끔씩 복습했으면 좋았겠다는 후회도 합니다. 어느 정도는 기억할 수 있으리라고 생각했는데, 2년이 지난 지금 흔적도 없이 다 잊어버렸습니다. (고3 학생)

저자의 충고

이런 종류의 상담은 대부분 본인 마음가짐의 문제이다. 분명히 인간의 기억은 (시험 지식의 경우는 특히) 당연히 시간이 지나면 잊어버린다.

하지만 뇌과학적 측면에서 보면, 한 번 제대로 기억한 정보(즉 대뇌피질에 기록된 장기기억)라면 무의식중에 지금까지도 보관하고 있을 것이다. 그러므로 지금부터 공부하면 전보다 훨씬 수월하게 공부하며, 쉽게 습득할 수 있다. 다시 말해, 1학년 때 이수한 과목보다 3학년 때 배운 과목이 시험에 유리하다고 단언할 수 없다.

더 중요한 것은 1학년 때 배운 과목을 당시 얼마나 제대로 몰입하여 자신의 것으로 만들었는가이다. '대강의 내용을 파악하고 있어 유리하다'고 느낀다면 생물을 선택하는 편이 좋을 것이며, 벼락치기로밖에 공부하지 않았다면 아마 그 지식은 대뇌피질에 기록되지 않았을 것이므로 더 최근에 배운 물리를 선택하는 편이 좋겠다.

또 뇌는 레미니선스reminiscence(과회상過回想) 효과 같은 현상을 일으킨다는 것을 기억하면 도움이 되겠다. 레미니선스 효과란 기억한 내용이 기억 직후보다도 시간이 어느 정도 흐른 뒤에 더 명확하게 생각나는 일을 말한다. 자세한 내용은 제4부를 참조해 주기 바란다.

제2부
뇌를 잘 속이는 방법

6. 누구든지 잊어버린다

이 부部에서는 기억이 뇌에 저장된 후 어떤 상황에 놓이는가를 설명하겠다. 이 과정을 이해함으로써 뇌를 잘 속이는 요령을 알기 위한 기초를 마련하고자 한다.

제1부에서 뇌는 가급적 기억을 잊어버리도록 설계되어 있다고 설명했다. 그래서 먼저 사람의 뇌는 기억을 어떤 속도로 잊어 가는가를 여러분에게 실험을 통해 설명하겠다.

먼저 다음과 같은 단어 암기 실험을 해보자. 이는 독일의 심리학자 헤르만 에빙하우스가 100여 년 전에 행했던 유명한 실험이다.

다음 3음절 단어를 외워주기 바란다.

(이루메) (쿠토시) (카데사) (타토하) (스토에)
(오에네) (무타라) (카후와) (케미요) (미마소)

의미가 없는 단어 10개지만 열심히 외워 주기 바란다. 나중에 시험을 보겠다.

암기를 할 때 약속해 주었으면 하는 두 가지가 있다. 첫째, 단어에 새로운 의미를 부여하여 외우지 말고, 단어 그대로를 통째로 외워 주기 바란다. 둘째, 외운 뒤 시험을 볼 때까지 절대로 복습해서는 안 된다. 이 실험은 망각 테스트이다. 이 약속을 지키지 않으면 망각의 실체를 파악할 수 없다.

자, 여러분은 지금 외우고 있는 단어 10개를 얼마나 오랫동안 외울 수 있을까. '난 이런 암기는 정말 약해' 라든가 '기억력이 좋은 사람은 분명 편하게 오랫동안 외울 수 있겠지' 라는 생각을 하는 사람들이 있을 것이다.

하지만 시험을 보면, 단어를 잊어버리는 속도는 사람에 따른 차이가 없음을 알 수 있다. 개인차는 없다. 누구든지 대개 비슷한 속도로 잊어버린다. 게다가 망각은 의식을 통해 제어할 수 없다. 아무리 간절하게 원해도 언젠가는 잊어버린다. 반대로 빨리 잊어버리길 원해도 까맣게 잊기까지는 시간이 필요하다.

이 실험을 통해 얻어진, 단어를 잊어버리는 속도를 설명하는 그래프를 망각곡선이라고 한다. 일반적인 결과를 도표로 표현하였다.

그래프를 잘 봐주기 바란다. 직선함수가 아니다. 잊어가는 속도는 일정하지 않다. 기억한 직후에 잊어버리기가 가장 쉬움을 알 수 있다. 처음 4시간 동안 단숨에 절반 가량을 잊어버린다. 하지만 그 후에는 남은 기억이 의외로 장기간 유지되며, 조금씩 줄어든 다. 그런 경향을 곡선그래프를 통해 알 수 있다.

망각 곡선

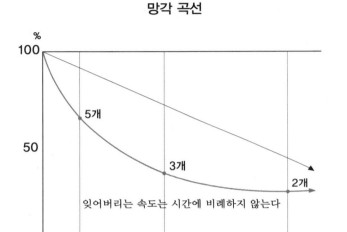

앞서 말한 시험의 평균성적은 4시간이 지나면 암기한 10개 단어 중 5개 정도밖에 기억하지 못한다는 것이다. 그 후 잊는 속도가 느려진다. 24시간 후에는 2~3개 정도이다.

이 사실은 벼락치기 공부의 경우, 전날 밤 늦게까지 열심히 암기하는 것보다 시험 당일 아침 일찍 일어나 암기하는 것이 시험시간까지 더 많이 기억할 수 있음을 알려준다. 망각곡선에 따르면, 시험 시작 4시간 전이 아니면 반 이상을 잊어버리기 때문이다.

하지만 저자는 개인적으로 시험 직전에 많은 지식을 억지로 암기하는 방법은 추천하고 싶지 않다. 그 이유는 나중에 자세히 설명하겠다.

자, 여러분의 성적은 어떤가? 이러한 실험을 엄밀히 이행하는 것은 어렵기 때문에, 다소 다른 결과가 나왔을지도 모르겠다. 만약 이 망각곡선보다 좋은 성적이 나왔다면, 단어 그대로를 통째로 외우지 않았거나, 외운 단어가 당신에게 어떤 특별한 의미를 가진 단어였을 가능성이 있다. 이 실험은 어디까지나 무의미한 단어에 대한 암기 효과를 보는 실험이기 때문이다.

반대로 혹시 성적이 좋지 않았다면, 처음부터 제대로 외우지 않았거나, 기억간섭의 결과라고 하겠다. 기억간섭에 관해서는 앞으로 자세히 설명하겠다. 결과가 어떻든 간에, 망각에 개인차는 없다는 사실을 기억해 주기 바란다.

묶음

다음 9개 숫자를 외워 주기 바란다.

853972641

그리고 30초 뒤에 잘 외우고 있는지 확인해 보자. 이런 의미 없는 숫자를 통째로 외우기는 숫자에 뜻을 부여하지 않는 한 상당히 어렵다. 하지만 전화번호처럼 중간에 하이픈을 넣으면

853-972-641

이렇게 되어 외우기가 훨씬 수월해진다. 이처럼 대상을 적게 묶으면 기억하기 수월해지는 현상을 묶음chunk이라고 한다.

예를 들면 영어 숙어를 외울 때, 무턱대고 외워서는 효율적이지 못하다. 오히려 get at, get out, get over, get up처럼 'get'으로 묶음을 만들거나, 반대로 get at, arrive at, look at, stay at처럼 'at'으로 묶음을 만드는 등 분류해 외우는 작업이 중요하다. 외우고자 하는 대상을 세심하게 정리정돈 할 필요가 있다.

또한 계산 실수 같은 부주의로 인해 무심코 시험점수를 떨어뜨리는 사람이 있다. 계산 실수가 잦은 사람일수록 난잡하고 정리되지 않은 계산법을 사용한다는 사실을 알고 있는가? 공부에서 지식이나 정보의 정리정돈이 중요한 작업임을 잊지 마라.

7. 좋은 공부? 나쁜 공부?

　　망각속도가 사람에 따라 다르지 않으며, 의식에 따라 변하지 않는다는 사실을 설명했다. 하지만 모든 조건에서 망각속도가 동일하지는 않다. 만약 동일하다면 사람에 따른 기억력 차이가 없어야 하며, 학교 성적도 차이가 나지 않을 것이다.

　　그래서 먼저 망각을 촉진하는 경우를 설명하고자 한다. 어떤 때에 기억을 빨리 잊어버리는가? 그 점을 이해하면, 여러분의 공부에 큰 도움이 될 정보를 얻게 될 것이다.

　　망각 촉진 효과가 가장 분명한 경우는 새로운 기억을 추가할 때이다. 다시 말해 지식을 억지로 쑤셔 넣을 때이다. 예를 들면, 여러분은 일전에 10개의 단어를 암기했다. 추가로 새로운 단어를, 예를 들면 이전 단어를 외운 지 1시간 뒤에 다음의 10개 단어를 추가로 암기해 보자.

(토가마) (모이쿠) (가마시) (기리모) (코하토)

(모소리) (시즈세) (소히이) (데미하) (사쿠테)

물론 이번에도 제대로 암기해 주기 바란다.

그리고 지금부터 3시간 뒤에 처음 암기한 단어 10개를 떠올려 보자. 어떤가? 몇 개나 기억할 수 있었나? 분명 1개나 2개일 것이다.

다시 말해 필요 이상의 지식을 억지로 암기하려고 하면 암기력이 떨어진다. 한 번에 외울 수 있는 양에는 한계가 있다.

물론 이와 동시에 방금 전에 외운 새로운 단어들의 암기도 방해를 받는다. 뒤에 추가한 10개 단어를 실제로 4시간 뒤에 떠올려 보면 느낄 수 있다. 생각나는 단어 수는 5개 이하일 것이다.

이처럼 새로운 기억과 옛 기억이 서로 영향을 미치는 상호작용을 기억간섭이라고 한다.

하나하나의 기억은 서로 관여하지 않는, 완전히 독립한 개체가 아니다. 오히려 서로 연관돼 있으며 영향을 미친다. 어떤 때에는 서로 배제하기도 하고, 어떤 때에는 서로 결합하여 조화를 이루기도 한다.

그러므로 잘못된 암기습관, 예를 들면 준비가 안 된 채로 많은 지식을 암기하려 하면, 기억이 지워지거나, 때로는 기억이 혼란을 일으켜 아리송한 상태가 되고, 착각을 불러일으키는 원인이 된다.

예를 들면 고문古文 수업에서 선생님이 "백인일수白人一首(100명이 1수씩 지은 시집)를 내일까지 전부 외워 와라. 시험을 보겠다."라는 무모한 과제를 냈다고 하자. 이럴 때 무리하게 밤을 새워가며 100개 전부를 암기하려고 노력하는 것보다, 착실하게 30개만 암기하는 것이 더 좋은 점수를 얻을 수 있다. 30개밖에 공부를 하지 않는 것은 정말 치사한 전략이기는 하지만, 실제로 시간에서도, 체력에서도, 정신에서도 이치에 맞는 작전이다. 이런 불합리한 요구를 받은 경우, 밤을 새워가며 억지로 뇌에 주입하려는 시도는 건강을 생각해서라도 하지 않는 것이 좋다.

기억 간섭

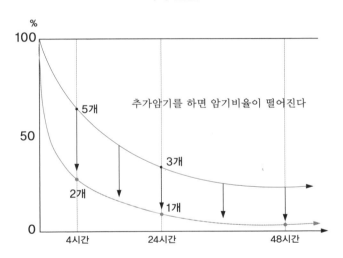

물론 시험 전뿐 아니라 평소의 공부도 마찬가지이다. 하루에 새로운 지식을 너무 많이 주입하는 행위는 피해야 한다. 애초에 공부는 복습에 주안점을 두어야 한다. 복습의 중요성에 관해서는 나중에 다시 설명하겠다. 아무튼 암기할 수 있는 범위를 스트레스

받지 않고 외운다. 이것이 암기의 특성에 맞는 공부법이다.

　자, 슬슬 이해하였으리라고 생각한다. 그렇다. 공부는 뇌의 특성에 맞는 좋은 방법과, 뇌의 특성에 반하는 나쁜 방법이 있다. 뇌의 특성을 무시한 무모한 공부는 시간낭비일 뿐 아니라 때에 따라서는 역효과를 낳기도 한다. 그런 공부라면 차라리 하지 않는 편이 낫다.

　얼마나 공부했는가가 중요한 요소이기는 하다. 하지만 공부의 양만으로 성적이 정해지지는 않는다. 그보다 더 중요한 것은 어떻게 공부했는가 하는, 질의 문제이다.

"인생은 짧은 이야기와 같다. 중요한 것은 길이가 아니라 값어치이다."

세네카(철학자)

　여러분은 지금까지 뇌에 나쁜 공부법을 고수해 오지 않았는가? 자신의 공부법을 되돌아보기 바란다. 지금부터 이 책을 통해 효율적인 공부법을 설명하겠다. 내용을 올바로 이해해, 혹시 잘못된 방법으로 공부해 왔다면, 좋은 방향으로 개선해 나가기 바란다. '이렇게까지 열심히 했는데, 왜 성적이 오르지 않는 것일까' 하고 느꼈다면, 각별한 주의를 기울이기 바란다. 그런 사람들은 뇌의 원리를 제대로 응용한, 적은 공부 양으로 최고의 효과를 이끌어낼 수 있는 공부법으로 바꿀 것을 제안한다.

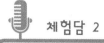

최상의 영단어 암기법

제 영단어 암기법을 소개하겠습니다. 일단 서점에서 영단어장을 훌훌 넘겨보면서 제가 모르는 단어만 나오는 책은 피합니다. 끝까지 다 해낼 자신이 없기 때문입니다. 반대로 절반 이상 아는 단어가 나오는 책을 고릅니다. 그리고 제목이 큰 글씨로 쓰여 있어서 한눈에 잘 보이는 디자인을 선호합니다. 워낙 싫증을 잘 내는 성격이며, 전형적인 '작심삼일作心三日' 형型이기에 '무슨 일이 있어도 절반 이상 하겠다'는 기합을 넣기 위해, 단어집 측면 절단면 중앙에 책을 덮어도 보이도록 빨간 선을 그었습니다.

이후 한 쪽, 두 쪽씩 외우면서 미리 단어집 왼쪽 위 여백에 외울 날짜를 적어두고, 그날 다 외우면 날짜에 동그라미를 쳤습니다. 하루를 8시간씩 3등분 하여 외웠습니다. 새롭게 외울 단어는 잠자리에 들기 전에만 외웠습니다.

그리고 밤에 외운 새 단어를 등굣길과 하굣길에 두 번, 통학 차량 안에서 체크했습니다. 저는 이 방식을 고1 1학기에 시작하여 여름방학 시작 직전에 끝내고, 여름방학 동안에는 부록 CD를 사용하여 모든 내용을 복습하였습니다. 2학기가 시작되자, 수업 중 읽는 영어 문장의 95%가 아는 단어였습니다. 물론 복잡한 구문이 나오면 막히곤 했지만, 알고 있는 단어만으로도 대략적인 내용을 알 수 있었습니다. 가장 좋았던 점은, 거의 사전을 찾지 않고도 뜻을 알 수 있었기에 빨리빨리 읽을 수 있어서, 영어가 자신 있는 과목 으로 변했다는 것입니다. (고2 학생)

저자의 충고

전체적으로 효율적인 공부법이라 말하고 싶다. 공부는 의욕이 중요하다는 말은 너무 당연하지만, 이 공부법에는 의욕을 지속시키기 위한 작은 배려가 보인다. 단어집뿐 아니라 일반 참고서를 고를 때에도 첫인상이 중요하다. 책장을 훌훌 넘겨봐서 자신과 잘 맞을 것 같은 책을 고르도록 하라. 자신과 잘 맞는 참고서를 사용하면, 공부 의욕을 지속시킬 수 있다.

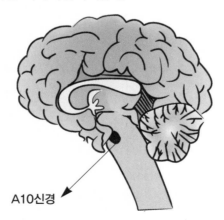

A10신경

목표를 너무 높게 설정하지 않은 점도 마음에 든다. "꿈은 크게 그려야 한다."라는 말을 자주 듣지만, 매일의 공부는 결코 그렇지 않다. 목표에 도달했을 때의 성취감은 뇌의 A10신경이라고 불리는 장소를 적당히 자극한다. 작게 반복되는 성취감은 의욕을 장기적으로 고양시킨다.

그러므로 하루 2쪽이라는 적당한 공부량은 적절한 계획이다. 또한 실행했을 때 동그라미를 치는 것도 좋은 습관이다. 자신이 해야 할 일, 해온 일을 명확히 표시하면, 의욕을 지속시키는 데 유리하다.

이 체험담에서 가장 대단하다고 생각한 부분은 등하교 자투리 시간을 이용한 복습이다. 복습은 공부의 중요한 철칙이다. 그럼에도 불구하고 많은 학생들은 "놀고 싶기도 하고, 서클활동도 하고 싶으니까." "꼭 해야 할 다른 공부가 있어서."라면서 복습의 우선순위를 낮게 책정한다.

하지만 이 체험담처럼 약간의 생각과 아이디어로 시간은 얼마든지 만들어낼 수 있다. 공부는 복습을 더 중요시해야 한다고 생각을 바꾸기 바란다. 저자의 개인적인 감각으로는 예습, 학습, 복습의 비율은 1/4 : 1 : 4 정도가 적당하다고 생각한다.

8. 반복효과

　망각곡선 실험을 통해 잘못된 공부법으로 망각속도가 빨라지거나, 외운 지식의 혼란을 가져온다는 사실을 알게 되었다. 하지만 망각곡선이 가르쳐 주는 사실은 그것만이 아니다. 다음으로 망각곡선의 기울기를 완화시키는, 다시 말해 기억한 지식을 잊어버리지 않도록 만드는 방법을 생각해 보자.

　처음 실험으로 여러분은 단어를 10개 외웠다. 하지만 모처럼 외운 그 단어도 시간이 흐르면 자연스럽게 잊어버린다. 분명 언젠가는 10개 모두를 잊어버리고 말 것이다.

　그렇다면 그 단어 10개에 대한 기억은 정말 뇌에서 완전히 지워졌을까?

　그렇지는 않은 것 같다. 시험 삼아, 단어를 완전히 잊어버린 다음에 같은 10개 단어를 다시 암기해 보자. 그리고 다시 한 번 시험을 보자. 자, 어떤가? 처음 시험에 비해 이번 시험에서 기억이 더 잘 되는 것을 확인할 수 있다. 두 번째 암기를 통해 잘 잊어버리지 않게 된 것이다. 평균 성적은 필시 4시간 후에도 6~7개 정도를 암기했을 것이다. 다시 한 번 복습을 반복해 보자. 두 번 외운 단어를 다시 잊어버렸을 때 한 번 더 같은 단어를 외워 보라. 세 번이나 반복해서 외우면 더 즉각적인 효과를 보며, 더욱 잊기 힘들게 변한다. 4시간이 지나도 8~9개는 잊어버리지 않는다.

복습 효과

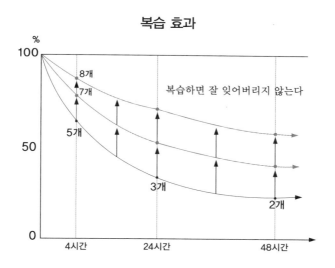

만약 여러분이 친구를 이곳에 불러 함께 단어 암기 경기를 한다고 하자. 아무리 열심히 해도 4시간만 지나면 절반을 잊어버리는 그 친구는 당신을 암기의 천재라고 착각할 것이다. 반복학습은 마치 기억력이 증강된 것처럼 보이게 한다.

반복암기는 왜 기억력을 좋게 만드는 것일까? 처음 암기한 내용은 전부 잊어버렸기 때문에 그 단어는 여러분의 뇌 속에서 지워졌을 것이다. 그럼에도 불구하고 두 번째는 첫 번째보다 성적이 좋았다. 이상하지 않은가?

실은 그 단어들은 뇌에서 완전히 지워지지 않았다. 그저 기억하지 못했던 것뿐이며, 제대로 뇌 속에 남아 있었다. 여러분은 완전히 잊어버린 것처럼 느꼈을지 모르지만, 무의식의 세계에 제대로 보존되어 있었다. 하지만 그것은 어디까지나 잠재 흔적에 지나지 않아, 여러분이 기억하지 못한 것뿐이다.

반복학습의 경우에는 무의식의 흔적이 모르는 사이에 암기를 도와 시험성적을 올린 것이다. 그러므로 반복학습을 하면 마치 암기력이 증강되는 것처럼 보인다.

이 사실을 통해 공부에서 반복학습, 즉 복습이 얼마나 중요한지를 알게 되었다. 복습을 하면 잊어버리는 속도를 늦출 수 있다.

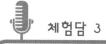

나는 왜 공부하는 것일까

어린 시절부터 계속 어머니께서 하신 "어떤 수업도 성실하게 들으렴. 그러지 않으면 선생님에 대한 예의가 아니다."라는 말씀이 옳다고 믿어 왔습니다.

그런데 고2 때, 문과·이과 진로 선택에 직면하면서 처음으로 '난 지금까지 무엇을 위해 공부해온 것일까' 하는 생각을 했습니다. 그로부터 반 년간 공부에 성의를 다할 수 없었습니다. 전국모의고사에서 좋은 등급을 받거나, 명문 대학에 합격하려고 필사적으로 공부하는 친구가 부럽게 느껴졌습니다. 하지만 눈앞의 목표보다 더 본질적인, 공부를 하는 목적 자체를 잃은 제게는 이전 같은 열정이 생기지 않았습니다.

보름쯤 전에 제가 다니는 고등학교에서 직업적성검사를 보았습니다. 그 결과, 저는 차분하게 앉아 무언가에 몰두하는 연구직에 상위 87%라는 수치가 나왔습니다. 어딘지 모르게 괜찮겠다고 생각하던 분야가 적성에 맞는다는 말을 들었을 때에, 제 특성을 발휘할 수 있는 직업이 있고 지금 하는 공부는 그 직업의 기초를 다지는 작업이라는 생각이 들어, 긴 슬럼프에서 탈출할 수 있었습니다. (고2 학생)

저자의 충고

이미 연구직에 종사하는 저자는 그런 목표를 향해 노력하는 학생의 모습에서 큰 기쁨을 느꼈다.

고등학교 2학년은 이른바 엉거주춤한 시기이기 때문인지, 학생들은 여러 측면에서 인생에 관한 가치나 의미를 생각하게 된다. 저자 자신도 그랬다.

그런 사색기思索期는 유년기에서 벗어나 자아를 확립하는 중요한 정신적 과정일지 모른다. 하지만 현재나 미래의 전망에 대한 절망적인 생각 때문에 의욕을 잃고 마는 학생도 있다. 체험담처럼 인생의 목표를 발견한 사람은 행복한 사람이다.

달리 말하면, 고2라는 불안정한 시기는 학력차가 가장 크게 발생하는 시기이기도 하다.

혹시 '나는 무엇을 위해 공부하는가' 라는 질문이 생긴다면, 이 책의 '저자 후기' 를 읽어 주기 바란다.

"등산의 목표는 산 정상으로 정해져 있다. 하지만 인생의 재미는 산 정상에 없다. 오히려 역경인 산 중턱에 있다." 요시카와 에이지 (작가)

9. 무작정 공부해서는
성과를 낼 수 없다

여러분은 복습의 중요성을 알게 되었다. 하지만 복습이라고 해도 무턱대고 아무 생각 없이 해서는 좋은 결과를 낼 수 없다. 그래서 복습에 관한 요령 3가지를 설명하고자 한다.

첫째는 복습을 언제 하는 것이 좋은지, 타이밍에 관한 것이다. 어느 정도 간격을 두고 복습하면 더 좋은 효과를 거둘 수 있을까?

앞서 언급한 세 음절 단어의 암기 시험을 통해 알 수 있었던 것처럼, 두 번째 학습까지 1개월 이상 간격을 두면 기억은 그다지 발전하지 않는다. 다시 말해 잠재적 기억의 보존 기간은 1개월인 것 같다. 1개월 이내에 복습하지 않으면 잠재적 기억도 효과를 발휘하지 못한다. 복습은 아무 때에나 효과를 내지는 못한다. 최소한 1개월 이내에 복습하라.

왜 무의식 기억에는 유통기한이 있을까? 해마가 그 답의 실마리를 제공한다. 해마는 뇌에 들어온 정보를 제거할지, 그냥 둘지를 결정하는 공장과 같다. 해마에 정보가 머무는 기간은 정보 종류에 따라 다르지만, 짧으면 1개월 정도이다. 해마는 정보를 1개월 동안 정리정돈 하면서 무엇이 정말로 필요한 정보인가를 판단한다.

그러므로 1개월 이상 지난 뒤 해마가 정보를 제거한 후에 복습하면, 해마가 처음 배울 때와 동일하게 정보를 받아들이는 상황이 발생한다. 반대로 1개월 이내에 몇 번이고 복습을 하면, 해마는 '겨우 1개월 사이에 이렇게나 또 들어오다니! 이 정보는 분명 중요한 정보임이 틀림없어' 라며 착각하게 된다.

물론 같은 복습을 한 번 하더라도, 해마에 더 많은 정보를 보내는 것이 해마를 쉽게 착각하게 만들 수 있다. 처음 공부했을 때처럼 눈으로만 읽고 넘어가는 것이 아니라, 손으로 옮겨 적고, 소리내어 읽는 등의 노력을 통해 가능한 한 오감五感을 자극하는 것이다. 이렇게 눈, 귀, 손 등의 오감을 통한 정보는 모두 해마를 자극하는 데 효과적이다.

해마의 특성을 고려하였을 때, 다음과 같은 복습 계획을 제안한다.

> 학습한 다음날, 첫 번째 복습
> 그로부터 일주일 뒤에, 두 번째 복습
> 두 번째 복습으로부터 2주 뒤에, 세 번째 복습
> 세 번째 복습으로부터 한 달 뒤에, 네 번째 복습

이렇게 총 4회의 복습을 조금씩 간격을 넓히면서 두 달 동안 실천한다. 이렇게 반복하면 해마는 그 정보를 필요한 기억이라 판단한다.

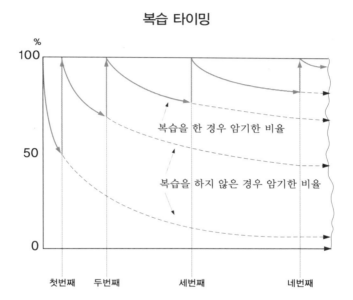

복습 타이밍

하지만 이 이상 복습을 계속할 필요는 없다.

근육 트레이닝도 마찬가지이다. 근육을 키우기 위해 아령을 매일 들었다 놓았다 할 필요는 없다. 이틀에 한 번 트레이닝 하면 매일 할 때와 같은 효과를 얻을 수 있다. 그와 마찬가지로 복습 스케줄을 필요 이상으로 촘촘히 계획하여 노력해도 성과는 나아지지 않는다.

"시간 사용에 누구보다 서툰 사람은 시간이 **짧다**며 **불평**하는 사람이다."

장 드 라브뤼예르(작가)

불필요한 복습에 시간을 할애하기보다 다른 공부에 시간을 사용하는 편이 낫다.

여기까지가 첫 번째 요령이다.

두 번째 요령은 복습의 내용이다.

복습의 효과는 같은 내용을 반복했을 때 나타난다. 예를 들면, 앞서 행한 단어 암기 시험에서 두 번째에 다른 10개의 단어를 암기한다 해도 기억력은 늘지 않을 것이다. 외우는 내용이 바뀌면 효과를 얻을 수 없다. 그뿐 아니라 기억간섭이 일어나 성적 저하의 원인이 될 수 있다.

그러므로 복습은 같은 내용의 학습을 반복해야 한다는 사실을 명심하기 바란다. 그렇기 때문에 복습이라고 부르는 것이다.

예를 들어 여러분은 공부할 때에, 교과서 외에도 참고서나 문제집을 사용할 것이다. 자신에게 딱 맞는 좋은 참고서를 찾기란 정말 힘든 일이다. 실제로 서점 참고서코너에는 참고서를 고르기 위한 참고서라는 이상한 책이 있다.

혹시 여러분 중에 조금이라도 좋은 참고서를 찾기 위해, 참고서를 몇 권씩 사서 조금씩 시험해보는 사람이 있는가? 하지만 저자는 참고서 탐색이 좋은 취미라고는 생각지 않는다.

그 이유는 바로 복습의 효과에 있다. 같은 과목이라 하더라도 참고서가 바뀌면, 다시 처음부터 그 참고서를 이해해야만 한다. 복습효과는 어디까지나 같은 대상에서만 나타나기 때문이다. 이것은 정말로 중요하기 때문에 명심해주기 바란다.

좋은 참고서 고르기에 혈안이 되어 있는 사람이라면 다소 정보에 민감하게 반응하는 것일 수도 있다. 주위 사람이나 책 정보에 현혹되어 참고서를 이것저것 바꾸면, 복습효과를 눈앞에 두고도 놓치는 것과 다름없다. 자살행위나 마찬가지이다.

분명히 세상에는 좋은 참고서와 나쁜 참고서가 있다. 하지만 실제로 여러분이 걱정할 만큼의 큰 차이는 없다. 왜냐하면 참고서를 집필하는 사람은 누구라도, 어떻게든 여러분에게 도움이 되고자 (혹은 책을 많이 팔아 큰돈을 벌고자) 고심에 고심을 거듭하여 책을 쓰기 때문이다. 그러므로 참고서가 교과서보다 더 나은 것도 사실이다.

참고서 선택법 중 하나는 첫인상이 좋은 책을 고르는 것이다. 인터넷으로 구입하기보다, 가능하면 서점에 가서 실물을 손에 쥐어보고 펼쳐보고 스스로 골라라. 그리고 한번 결정한 참고서는 도중에 바람피우지 말고 끝까지 사용하라.

"결단하라. 한번 결심한 것은 꼭 실행에 옮겨라." 벤자민 프랭클린(과학자)

초지일관初志一貫. 타인의 참고서는 더 이상 나오는 상관없는 책이다. 참고서 탐색에 시간이나 돈을 낭비할 여유가 있다 해도, 그보다는 한 번 결정한 참고서를 몇 번이고 복습하라. 그렇게 하는 편이 더 현명하게 시간을 활용하는 방법이다.

저자 자신도 학생시절에 참고서를 몇 종류씩 사용한 것이 아니라, 한 권의 책을 최소한 4, 5번씩 복습했다. 공부는 끈기가 있어야 성공한다.

10. 뇌는 출력을 중요시한다

　복습의 세 번째 요령은 뇌는 입력보다 출력을 중요시한다는 사실이다. 그 점은 다음 실험을 통해 알 수 있다.[3]

　스와힐리어 단어 40개를 외우는 시험이다. 여러분은 처음 단어를 외울 때에, 어떻게 암기하는가? 실험을 위해 네 그룹으로 나누어 각각 다른 암기법을 시험한다. 그리고 어떤 방법이 가장 효과적인가를 겨루어 본다.

　먼저 모든 그룹이 일단 40개의 단어목록을 한 번 공부한다. 그 직후에 확인 시험을 본다.

　당연히 모르는 단어를 한 번에 40개나 외우는 것은 불가능하다. 다시 말해, 확인 시험에서 만점자는 없다. 지금부터가 중요하다. 네 그룹으로 나누어 대응법을 실천한다.

　〈1그룹〉은 만점을 받지 못하면 다시 40개 목록을 처음부터 끝까지 복습하고 다시 한 번 40문제 시험에 도전한다. 그래도 만점을 받지 못하면, 다시 40개의 단어를 보고 또 시험을 본다. 이렇게

공부보다 시험을 보는 편이 더 기억에 도움을 준다

	다시 외우는 단어	시험 보는 단어
1그룹	모든 단어	모든 단어
2그룹	틀린 단어만	모든 단어
3그룹	모든 단어	틀린 단어만
4그룹	틀린 단어만	틀린 단어만

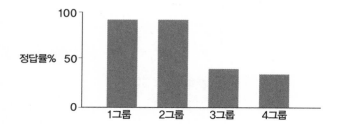

해서 만점을 받을 때까지 이 '학습과 확인 시험' 과정을 반복한다.

〈2그룹〉은 약간의 절차를 생략한다. 모든 문제를 복습하는 것은 번거롭기 때문에 시험에서 '틀린 문제만' 복습하고 40문제 시험에 다시 도전한다. 또 틀린 문제가 있으면, '틀린 문제만' 다시 복습하고 시험을 다시 본다. 만점이 나올 때까지 반복한다.

〈3그룹〉은 〈2그룹〉의 반대이다. 복습은 40개 단어 전부를 제대로 한다. 하지만 시험은 틀린 문제만 다시 본다. 또 틀린 문제가 나오면 다시 처음부터 복습을 하고, 방금 틀린 문제만을 다시 시험 본다. 이렇게 해서 모든 문제를 맞힐 때까지 반복한다.

마지막 〈4그룹〉은 가장 일반적인 방법이다. 학교나 학원에서

이 방법을 사용하는 곳이 많다. 요컨대 틀린 문제만 복습하고 틀린 문제만 재시험을 본다. 그리고 모든 문제를 맞힐 때까지 반복한다.

자, 이 네 집단에서 가장 빨리 외운 집단은 과연 어디일까? 놀랍게도 모든 집단 사이의 차이는 없었다. 다 외우기까지 걸린 반복시험 횟수는 같았다.

그런데 1주일 뒤 같은 시험을 보니, 의외로 큰 점수 차이가 발생했다. 어떤 결과가 나왔을까?

〈1그룹〉과 〈2그룹〉은 약 80점, 〈3그룹〉과 〈4그룹〉은 겨우 35점밖에 받지 못했다. 2배 이상의 점수 차이가 났다.

도대체 왜 그럴까?

성적이 좋았던 〈1그룹〉과 〈2그룹〉의 공통점에 주목해 보자. 〈1그룹〉과 〈2그룹〉은 확인 시험에서 40문제를 모두 되풀이했다. 〈3그룹〉의 경우 복습은 모든 단어를 다 했지만, 시험은 틀린 문제만 대상으로 했다.

이것이야말로 뇌의 본질을 잘 보여 주는 것이다.

뇌에는 입력과 출력이 있다. 단어를 깊이 새기며 외우는 행위는 입력에 해당한다. 모아둔 정보를 근거로 문제를 푸는 행위는 출력에 해당한다.

실험결과가 의미하는 바는 기억을 위해서는 출력(시험)을 열심히 하는 편이 좋다는 것이다.

물론 정보의 입력과 출력은 둘 다 중요하다. 입력 없는 출력은 불가능하기 때문이다. 하지만 뇌는 압도적으로 출력을 더 중요시한다. '뇌는 출력 의존형'인 것이다.

이 사실을 뇌의 입장이 되어 다시 생각해보자. 뇌는 매일 온갖 정보를 받지만, 그 모든 정보를 다 기억하지 못한다. 기억해야 할 정보를 선택해야만 한다. 그러면 뇌는 어떤 기준으로 기억해야 할 지식과 불필요한 지식을 판단할까?

지금까지 계속 역설한 것처럼 복습 횟수가 기준이다. 하지만 이것을 '계속 뇌에 정보를 집어넣는 것이 상책이다'고 해석해서는 안 된다. 이것은 해마가 '이렇게 반복적으로 같은 정보가 단기간에 들어오다니, 그만큼 중요한 정보임에 틀림없다. 그럼 외우자' 라고 착각해 주기를 바라는 것이다.

하지만 스와힐리어 암기 실험을 통해, 이런 생각만으로는 불충분하다는 사실을 깨닫게 된다. 중요한 것은 출력이다. 해마의 입장에서 '이 정보는 이렇게나 사용할 기회가 많구나. 그럼 꼭 외워야 하겠다' 라고 판단하게끔 만들어야 한다.

그러므로 주입식 공부법보다 지식 활용형 공부법이 더 효율적이라고 할 수 있다.

한 가지 실용적인 예를 들어보자. 교과서나 참고서를 계속 복습하는 것보다, 문제집을 계속 풀면서 복습하는 것이 효과적 공부법이다.

제3부
해마와 LTP

11. 기억의 열쇠를 쥐고 있는 LTP

　　제3부에서는 해마 신경세포의 특성과 뇌 기억의 성질에 관해 생각해 보자.

　　우리는 신경세포 하나하나가 가지고 있는 작은 성질로부터 많은 것을 배울 수 있다. 그 이유는 신경세포가 뇌의 기능을 만들어 내기 때문이다. 그것이 해마의 신경세포가 가진 특성이라면, 더더욱 당연하다.

　　저자는 해마와 기억의 연구를 통해 박사학위를 취득하였다. 말하자면 해마 박사인 셈이다. 따라서 이 부部에서 저자는 전문가가 아니고는 알 수 없는 지식을 활용해, 해마의 성질에 관해 이야기하고자 한다. 실제로 해마의 신경세포는 재미있는 성질을 많이 가지고 있다. 대표적인 예가 LTP이다. 일단 LTP가 무엇인지 먼저 설명하겠다.

　　최근 뇌과학은 과거에는 생각조차 할 수 없었던 고도의 실험이 가능하다. 예를 들면, 사람이나 동물의 신경세포 활동을 기록하면서, 동시에 신경세포를 자극할 수 있게 되었다. 저자는 이 기술을 사용하여 해마에 얇은 전극을 살짝 꽂고 해마를 반복적으로 자극하였다. 그러자 놀랍게도 신경세포 사이의 결합이 강해진 것을 확인할 수 있었다. 게다가 자극을 가한 뒤에도 결합도는 계속 증강된 채 머물러 있었다. 장기적인 측면에서 신경세포가 활성화된 것이다.

이것은 장기증강long-term potentiation으로 잘 알려져 있는 현상이다.[4] 최근 들어 영문 이니셜을 따서 LTP라 부르게 되었다. 이 책에서도 LTP라고 부르겠다.

LTP는 뇌 기억의 근원이다. 이것은 단순한 실험으로 증명할 수 있다. 약을 주입하거나 유전자를 조작하여 뇌에서 LTP를 없앤 뒤, 그 동물에게 어떤 변화가 일어나는지 확인하는 것이다. 실제로 LTP를 잃은 동물은 불쌍하게도 기억을 잊어버렸다. 이 실험결과를 통해 기억은 LTP에 의해 완성됨을 알 수 있다.

반대로 LTP를 활성화시킨 동물은 기억력이 증가하였다. 해마를 LTP가 생기기 쉬운 상태로 만들

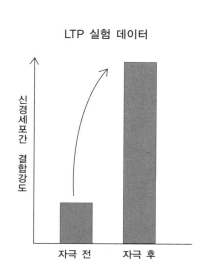

LTP 실험 데이터

면, 학습능력이 향상됨을 확인할 수 있다. 자세히 말해서 동물실험을 통해 LTP가 잘 일어나는 방법을 찾을 수 있다면, 우리 공부에 도움이 되는 힌트를 찾을 수 있게 된다.

먼저 유의해야 할 것은 LTP는 신경세포를 반복 자극함으로 생겨나는 현상이라는 점이다. 해마를 한 번 자극해서는 결코 LTP를 만들 수 없다. 몇 번이고 반복해서 자극해야만 비로소 LTP가 생겨난다.

결국 해마의 신경세포 자체가 반복 자극 즉, 복습을 필요로 한다는 점을 알게 되었다. 신경세포 자체가 그런 작용을 하기 때문에 우리는 복습이 필요하다는 사실을 더 이상 피할 수 없다. 그것은 마치 운명과도 같은 것이다. 복습을 하지 않고 무언가를 습득하려고 하는 것은 뇌과학적인 측면에서도 올바르지 못한 자세이다.

하지만 실망할 필요는 없다. 문제는 반복(복습)을 필요로 한다는 사실이 아니다. 이 반복 자극의 횟수를 어떻게 하면 줄일 수 있을까를 생각해야 한다.

실제로 반복 자극 횟수를 줄일 수 있는 비책이 있다. 이 방법을 이용하면 더 간단하게 LTP를 일으킬 수 있다. 효율적인 공부법을 향한 길이 그곳에 숨겨져 있다. 그럼 그 방법과 관련된 두 가지 비결을 설명하겠다.

뇌심리학 칼럼 4

모차르트 효과

'모차르트 효과' 라는 말이 있다. 모차르트의 음악을 들으면 머리가 좋아지는 효과를 말한다. 이 정도 설명으로는 어딘가 수상쩍은 효과라는 생각도 들지만, 실제 과학논문으로 발표된 적이 있는 효과이다.[5] 그러고 보니 도쿄대 학생은 다른 대학 학생에 비해, 어린 시절 악기를 배운 적이 있는 학생의 비율이 높다는 이야기를 들은 적이 있다. 모차르트 효과와 관련이 있는지는 모르겠으나 흥미로운 지적임에는 틀림없다.

모차르트 효과는 위스콘신대학의 프란시스 라우셔 박사가 발견하였다. 하지만 머리가 좋아진다고는 해도 일시적인 효과에 불과하며 1시간도 지속되지 않는다. 그러나 효과는 즉각 나타난다. IQ가 8~9점 높아진다니 정말 놀라울 따름이다.

하지만 주의해야 할 점은 모차르트의 음악에만 해당된다는 것이다. 바흐 음악도 다소 효과가 있다고는 하지만 다른 작곡가, 예를 들면 쇼팽이나 베토벤은 전혀 효과가 없었다. 그렇기 때문에 '모차르트 효과' 라고 부른다. 모차르트의 아름다운 멜로디로 우뇌가, 그리고 편안한 리듬으로 좌뇌가 균형 잡힌 활동을 하게 돼 지능 향상에 도움이 된다고 라우셔 박사는 설명한다.

여러분도 쉬는 시간에 모차르트의 음악을 들어보는 것이 어떤
가? 저자는 우치다 미쓰코씨가 연주하는 피아노 협주곡이나 피아
노 소나타를 자주 듣는다.

12. 동심이야말로 성적 향상의 영양소

LTP를 일으키기 위한 자극 반복 횟수를 줄일 첫 번째 비결은, 어떤 뇌파가 발생하는 순간에 그 자극을 가하는 것이다.

뇌파라는 말을 들으면 아마 여러분은 알파파나 베타파를 떠올릴 것이다. 긴장이 완화되면 뇌에서 알파파가 흘러나온다는 말을 TV나 잡지를 통해 들어본 적이 있는가?

하지만 여기서 말하는 뇌파는 조금 다른 뇌파이다. 그 이름은 세타파이다. 알파파나 베타파보다 더 느린 리듬의 뇌파이다. 이 뇌파의 이름을 처음 들어보았을 수 있지만, 기억에서 가장 중요하다고 단언할 수 있는 뇌파이다.

세타파는 호기심의 상징이다. 무언가를 처음 보았을 때, 미지의 세계에 발을 내디딜 때, 자연스럽게 뇌에서 흘러나오는 뇌파이다. 다시 말해 마음이 설레거나 두근거리며 호기심이 강해지는 상태를 말한다. 반대로 지루하거나 매너리즘에 빠져 흥미를 잃었을 때, 세타파는 사라져버린다. 대상을 향해 흥미가 솟을 때 세타파

여러 가지 뇌파

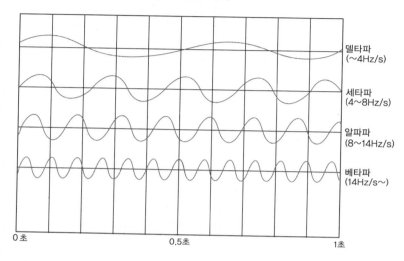

델타파
(~4Hz/s)

세타파
(4~8Hz/s)

알파파
(8~14Hz/s)

베타파
(14Hz/s~)

0초   0.5초   1초

가 나온다.

재미있는 점은 세타파를 내는 해마는 적은 자극 횟수로도 LTP 를 만든다는 것이다.[6] 최적의 시기에 자극을 가하면 반복 횟수를 80~90%나 줄일 수 있다는 뜻이다. 1/10의 자극만으로도 암기가 가능해진다.

이러한 사실을 통해 자신이 흥미를 느끼는 무언가는 복습 횟수 가 적어도 외울 수 있음을 알 수 있다. 분명히 자신의 호기심을 끄 는 것, 예를 들면 좋아하는 가수 그룹의 멤버나 스포츠 선수의 이 름은 싫어하는 과목의 지식에 비해 훨씬 재미있게 외워지곤 한다. 이러한 기억력 증강은 아마 세타파 덕분일 것이다.

자, LTP 성질을 통해 외우고자 하는 대상에 '얼마나 흥미를 느

끼는가' 가 매우 중요함을 알게 되었다. 공부를 '재미없다' 고 생각
하면서 하면, 결국 복습의 횟수가 그만큼 더 필요해질 뿐이다. 그
것은 시간낭비이다.

**"식욕 없는 식사가 건강에 해롭듯이, 의욕이 동반되지 않은 공부는 기억을 해
친다."** 레오나르도 다빈치 (예술가)

'오늘은 별로 내키지가 않네' 라는 생각이 들면, 약간의 휴식 뒤
에 다시 도전하자. 또 그런 날은 깔끔하게 잠자리에 들고 다음날
의욕적으로 공부에 임하는 것도 좋은 방법일 수 있다.

그런데 '도대체 공부가 어떻게 재미있을 수 있지?' 하고 생각
하는 사람도 있을 수 있다. 하지만 그런 생각은 큰 착각이다. 분명
히 시험 자체는 결코 재미있을 수 없다. 하지만 시험을 떠나 공부
자체는 어떤 과목이라도 흥미를 불러일으키는 것이 분명히 존재
한다.

나는 세상 모든 일은 어떤 대상이라도 분명히 심오한 무언가가
존재한다고 믿는다. "길고 짧은 것은 대보아야 안다."라는 말이 있
듯, 겉으로 보기만 해서는 진정한 재미를 알 수 없는 분야가 많다.
직접 해봐야 느낄 수 있는 재미가 있는 것이다. 게다가 그 길을 깊
이 파면 팔수록 더욱 더 재미를 느끼게 된다.

"사람은 교육을 받으면 받을수록 호기심이 더 강해진다." 루소(계몽사상가)

　그러므로 여러분이 "지루해!"라는 말을 입에 담으면 "난 무식해!"라고 스스로 폭로하는 셈이다. 공부도 마찬가지다. 설령 재미없다고 하더라도 잠시 동안만 참으며 계속 공부해보자. 그렇게 하면 분명히 숨겨진 재미를 발견하게 될 것이다. 그리고 그때에는 여러분 뇌 속에서 자연스럽게 세타파가 흘러나올 것이다.

　웨인 다이어는 이런 말을 했다. "'좋아, 아침이다!' 라는 것도 '아, 아침이네…' 라는 것도 당신의 마음가짐에 달렸다." 정말 그렇다. 모두 자신의 마음가짐에 달려 있다. 감동을 언제까지나 잃지 않는 아이의 마음. 세타파를 내기 위해선 동심童心과 동경憧憬이 필요하다.

아세틸콜린

머리가 좋아지는 약은 예로부터 동경의 대상이었다. 마시기만 하면 기억력이 증가하는 약이 있다면 얼마나 좋겠는가.

예로부터 DHA를 필두로 뇌에 좋은 영향을 주는 여러 가지 식품이나 약이 고안되고 실험되어 왔다. 하지만 그처럼 많은 약이 시중에 발매되었다는 사실은 그만큼 확실하게 머리가 좋아지는 약이 없었다는 말이기도 하다. 여러분도 정보를 과신하지 말기를 바란다.

그런데 두뇌 회전을 저하시키는 약은 의외로 많다. 뇌에서 아세틸콜린이라는 물질의 움직임을 억제하는 약물을 예로 들 수 있다. 아세틸콜린은 세타파의 근원이다. 해마를 활성화시키고 의식을 깨어 있게 하거나 기억력을 고양시키는 작용을 한다.

이런 아세틸콜린의 움직임을 방해하는 약은 여러분 주위에 많다. 예를 들면, 누구라도 한 번쯤 복용한 적이 있는 감기약이나 설사약, 멀미약 등이 그것이다. 실제로 감기약을 먹으면 멍해지거나 졸리지 않는가? 그것은 바로 뇌의 아세틸콜린을 억제하고 있다는 증거이다. 그러므로 시험을 보기 전에, 감기에 걸리지도 않았는데 '혹시 모르니까' 하는 생각에 약을 먹으면 비참한 결과를 낳는다.

물론 부작용을 두려워하여 약을 먹지 않고 병을 악화시키는 것은 주객이 전도된 꼴일 것이다. 어떤 약도 부작용이 있지만, 덮어놓고 부작용을 두려워해서는 안 된다. 부작용에 대한 올바른 이해를 통해 약을 복용해야 하겠다.

시험 전에 꼭 감기약이나 설사약을 먹어야 한다면, 뇌의 아세틸콜린을 저해하는 성분이 포함되지 않은 약을 선택하라. 그런 약을 먹으면 안심하고 시험을 볼 수 있을 것이다. 약국 약사에게 "이 약에는 뇌의 아세틸콜린을 억제하는 성분이 포함되어 있나요?"라고 물어보면 친절하게 답해줄 것이다.

참고로 아세틸콜린의 움직임을 방해하는 성분으로 유명한 것은 스코폴라민, 디펜히드라민 등이 있다. 가지고 있는 약의 성분표를 참조하기 바란다.

13. 추억이라는 기억의 정체

더 적은 자극 횟수로 LTP를 만들기 위해 세타파가 효과적이라는 설명을 하였다. 하지만 더 효과적으로 LTP를 일으키는 방법이 한 가지 더 있다. 그것은 저자가 처음으로 세상에 밝힌 현상이기도 하다.[7]

그 방법이란 편도체라는 뇌의 신경세포를 활성화하는 것이다.

편도체는 해마 바로 옆에 있는 뇌 부위이다. 새끼손톱 정도로 작은 부위이지만 동물에게 상당히 중요한 역할을 한다. 바로 감정을 만들어내는 곳이다. 기쁨이나 슬픔, 불안 등을 만들어낸다. 해마를 기억공장이라고 한다면 편도체는 감정공장이라 할 수 있다.

편도체가 활동하면 LTP가 생기기 쉽다. 바꿔 말하자면 감정이 격할 때에는 사물을 더 잘 기억하기 쉬운 상태로 변한다.

그리고 보면 옛날 일들 중에서 지금까지 기억하고 있는 것들은 재미있었던 일, 슬펐던 사건 등 감정을 자극했던 일들이 많다. 인간은 그러한 기억을 '추억' 이라는 특별한 단어로 부르며 마음속에

소중히 간직한다. 그 추억의 실체는 편도체가 활동하였기 때문에 LTP가 생기기 쉬운 상태였던 것이라고 설명하겠다.

자, 추억이라는 이름을 가진 기억이 다른 기억에 비해 좀 더 강하게 사람의 뇌에 저장되는 이유를 생각해 보자. 왜 추억이 마음에 남을 필요가 있을까? 추억이 일상생활에서 어떤 중요한 의미를 지니는가?

그 이유는 사람의 생활을 관찰해서는 알 수 없다. 진화 과정에서 산과 들을 뛰어다니던 야생野生동물이었던 때의 원시생활을 생각해보아야 한다. 편도체가 기억력을 높이는 현상은 동물들에게는 생명과 직결되는 깊은 의미가 있다.

현대 도시에서 생활하는 인간과는 달리, 대자연 속에서 생활하는 동물들은 항상 생명의 위협에 노출된 생활을 한다. 목숨을 잃을지도 모르는 무서운 체험도 많이 하며, 먹이 걱정도 한다. 이러한 위험을 효율적으로 피하기 위해 동물들은 적을 만났을 때 느낀 공포나, 먹이를 손에 넣은 장소를 확실하게 뇌에 저장해둘 필요가 있었다.

동물에게 생명과 관련된 중요한 정보를 얼마나 재빨리, 다시 말해 적은 복습 횟수로 제대로 기억하느냐 못하느냐는 생명 유지와 관련된 중대한 문제였다. 그 때문에 세운 작전이 '감정에 의한 기억력 촉진'이다. 그러므로 뇌는 편도체의 활동에 의해 감정이 얽힌 경험을 확실히 외우도록 만들어졌다.

진화 과정에서 만들어진 이 특수한 기억력은 지금까지 인간의 뇌에 남아 있다. '추억 만들기'라고 하면 왠지 마음이 훈훈해지는 인간미 넘치는 작업처럼 들리지만, 실은 동물이던 시절에 목숨을 건 생존경쟁의 흔적이다.

암기 천재의 비밀

암기 천재인 친구가 있었습니다. 도쿄대학 이과理科에 한 번에 합격한 녀석인데, 예를 들면 일본역사 연표를 보다가 갑자기 '이 천황들의 이름을 외우고 싶다' 는 생각을 한 모양입니다. 그리고는 진무 천황부터 긴죠 천황까지 125대 천황 이름을 무려 2시간 만에 전부 외웠다고 합니다. 모두 앞에서 "진무-스이제-안네-이토-코쇼…."라며 불과 1분도 안 되는 시간 동안 숨도 안 쉬고 외워댔습니다.

모두 "저 자식은 인간이 아니야." 혹은 "이런 놈하고 같이 공부해야 하다니…." 하고 말했지만, 나중에 그 녀석에게 조용히 물어보니 "외우는 일이 너무 즐거워."라고 말했습니다.

'암기가 즐겁다' 는 사람은 처음 봤습니다. 별난 사람이긴 하지만 마음가짐은 본받고 싶었습니다. 저는 지금까지 '암기는 싫은 작업, 괴로운 일' 이라고 단정 지어 왔기 때문에 깜짝 놀랐습니다. (도쿄대 1학년)

저자의 충고

공부나 암기를 포함하여 무엇이든 재미있게 할 수만 있다면,

그보다 더 좋은 공부법은 없다. 편도체나 측좌핵 등 뇌 부위에서 생기는 '즐겁다', '유쾌하다'는 감정은 대뇌의 각성 수준을 높이며, 의욕을 불러일으키고, 사물에 대한 집중력을 높인다고 여겨진다. 게다가 중격부라는 뇌 부위는 해마에 세타파를 일으키게 해 기억력을 고양시킨다. 좋은 일만 골라 일어나게 해준다고 할 수 있다.

편도체와 중격부

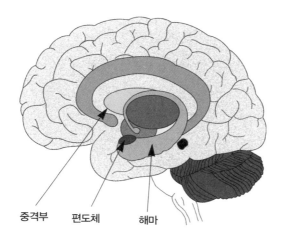

중격부   편도체   해마

그런데 기억은 입구가 좁은 빈 페트병에 물을 채우는 행위와 같다. 페트병은 많은 양의 물을 담을 수 있지만 입구가 좁다. 그래서 양동이에 물을 가득 담아 페트병 위에 들이붓는다 한들 물을 효율적으로 담을 수는 없다. 대부분의 물은 페트병 밖으로 흘러버린다. 이같이 한 번에 많은 정보를 뇌에 무턱대고 집어넣으려고 하면 금방 한계에 맞닥뜨리게 된다. 대부분의 지식을 잊어버리고 말 것이다.

하지만 양동이가 아닌 컵을 사용하여 페트병에 물을 넣거나, 깔때기를 사용하는 등의 노력을 하면 효율적으로 물을 담을 수 있다. 다시 말해, 암기에도 요령이 있는 것이다. 모처럼 가까이에 암기 천재가 있으니 부디 그 요령을 물어보기를 바란다. 비결이 없으면 그만큼의 양을 외울 수는 없다.

하지만 정말 중요한 것은 '암기한다'는 자체가 아니라, 축적한 지식이나 노하우를 앞으로의 인생에서 '얼마나 활용할 수 있는가' 라는 사실임을 잊어서는 안 된다.

14. 감동적 공부법

편도체를 이용한 기억력 증강은 동물 진화 과정에서 오랜 기간 동안 길러진 특성이기에 그 효과는 매우 강력하다. 꼭 활용해야 한다.

예를 들면 '1815년, 나폴레옹은 세인트헬레나 섬에 유배되었다'는 교과서 상의 지식도 단순히 통째로 암기하는 것이 아니라, 그 정보에 감정을 담아 외우면 어떻겠는가? 수많은 작전에 실패한 나폴레옹의 원통함을 상상하며, 나아가 섬에 유배되는 형벌을 마치 자신이 선고받은 것처럼 괴로워해 보면, 뇌는 이 지식을 자연스럽게 기억하려고 할 것이다.

교과서 내용을 하나하나 감정적으로 받아들이며 눈물짓는 모습은 바보처럼 보이겠지만, 우리의 뇌에는 그런 사실을 강하게 기억하려는 성질이 자리 잡고 있다. 그것은 생물학적으로도 이치에 맞는 행위이며, 뇌에 적은 부담을 주면서 외우는 방법이다. 참고로 나폴레옹이라는 인물에 관해 흥미가 생겨 세타파까지 흘러나

오게 되면, 더할 나위 없이 완벽한 암기가 될 것이다.

여러분 주위에 시험일이 가까워지면 평소에는 전혀 외울 수 없는 양의 지식을 한 번에 억지로 외워내는 사람은 없는가? 그것은 시험에 대한 불안감이나 위기감이 편도체를 활성화시켜 기억력이 폭발적으로 증가된 상태라고 여겨진다. 물론 이런 곡예에 가까운 행위는 모든 사람에게 가능한 일이 아니다. 따라서 자신에게도 그런 능력이 있지 않을까 하는 기대는 하지 않는 편이 좋다.

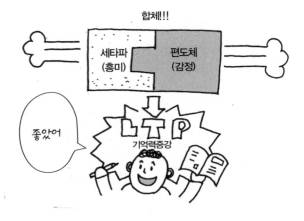

그뿐 아니라 이미 이야기했듯이, 시험 직전에 많은 양의 지식을 외우려고 하는 것은 많은 어려움이 있다. 기억하는가? 무리하게 외운 지식은 금방 잊어버린다. 그 외에 다른 악영향도 끼친다.

스트레스다. LTP는 스트레스를 잘 견디지 못한다. 스트레스에서 벗어나지 못하면 LTP는 줄어든다.[8] 기억력은 스트레스에 의해 저하된다. 스트레스를 받지 않기 위해서라도 벼락치기 시험공부는 하지 않는 편이 좋다.

그렇다고 해서 시험 전에 정성 들여 계획을 짜고, 여유 넘치는 일정을 세우는 것도 좋다고 하기 힘들다. 긴장감이 지속되지 않으면 의욕이 침체되기 때문이다. 이 또한 기억을 위해 권장하기 힘든 상황이다.

대문호 셰익스피어는 '방심, 그것은 인간에게 가장 가까이 있는 적'이라고 희곡을 통해 말했다. 그처럼 매너리즘에 빠지지 않고 적당한 긴장감을 유지하면서 LTP를 일으키는 세타파(흥미)와 편도체(감정)라는 두 가지 비결을 적절히 활용하는 공부야말로 시험에서 높은 점수를 받는 공부의 비결이다.

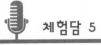

시험공포증

저는 중학교 입시도, 고등학교 입시도 실패했습니다. 그래서 어떤 예기치 못한 일이 벌어지더라도 꼭 합격할 수 있을 만큼의 실력을 키우고자 노력하였습니다. 하지만 아무리 노력해도, 아무리 모의고사에서 좋은 점수를 받아도, 막상 가장 중요한 입시 때에는 실패할 것 같은 생각이 머릿속에서 떠나지를 않습니다.

같은 부모 아래서 자랐는데도 형은 저와 정반대입니다. 고등학교도 대학교도 모의고사는 D등급을 받았으면서 입학시험은 한 번에 합격했습니다. 형은 계속 야구부를 해서 그런지 "입시는 3년 동안 땀투성이, 진흙투성이가 되어 연습한 성과를 발휘할 야구경기 결승전처럼 느껴진다. 빨리 그날이 왔으면 하는 생각에 두근거리기까지 해. 결승전을 고대하는 마음으로 시험에 임하니, 공부했던 많은 내용들이 시험 중에 떠올랐어."라고 말합니다. 얼마나 부러운 성격입니까? (고2 학생)

저자의 충고

발상의 전환이 가장 중요하다. 그렇지만 하루아침에 완전히 변할 수 없으니, 공부와 상관없는 분야에서 긍정적 생각을 위한 자기계발을 해보는 것이 어떻겠는가?

또 울렁증을 가지고 있는 사람에게는 많은 경험을 쌓는 것이 가장 좋은 약이다. 모의고사는 물론, 가능하면 많은 시험을 체험하는 것도 한 가지 방법이다. 가고자 하는 학교를 한군데로 한정하기보다 지망 대학을 복수로 설정해 시험을 치는 것은 어떻겠는가? 또 대학 입시뿐 아니라 토익 같은 자격시험에도 적극적으로 도전해, 중요한 시험에서 긴장하지 않기 위한 나름의 마음준비 방법을 몸에 익히기를 바란다.

참고로 시험에 대한 불안을 노트에 적으면 긴장을 완화시킬 수 있다.[9]

다음과 같은 실험을 통해 그것을 이해할 수 있다. 시험 직전 몇 분 동안 다음에 볼 시험과목의 어느 부분이 어떻게 불안한지를 구체적으로 적게 했다. 그랬더니 그 학생은 긴장감이 완화되고 10% 정도 높은 점수를 받았다. 시험과 상관없는 내용을 적으면 아무런 효과가 없으니 불안한 마음을 솔직히 토로한다는 점에 유념해 적기 바란다. 울렁증이 있는 사람은 꼭 실험해보라.

시험을 볼 때 의자에 앉는 자세에도 유의해야 한다. 같은 작업을 해도 허리를 꼿꼿이 펴면, 새우등으로 앉아 있는 경우보다 자신감이 증가한다는 사실이 실험을 통해 밝혀졌다.[10] 아무튼 가장 중요한 것은 바로 자신감이다. 물론 정말로 자신감이 넘치는 사람은 그다지 많지 않다. 자신감에 확신이나 근거는 필요 없다. '난 할 수 있다!' 라고 끊임없이 자기암시를 걸어 보기 바란다. 이것은 운동선수가 자주 사용하는 심리작전이기도 하다.

15. 사자 연상법

마지막으로 기억력 증강의 비결을 조금 다른 관점에서 설명하고자 한다. 여러분의 공부에도 쉽게 응용할 수 있다.

저자는 이 방법을 '사자 연상법'이라고 부른다. 우리는 사람이기 이전에 동물이다. 동물들은 진화 과정을 통해 기억력이라는 능력을 발전시켜 왔다. 그 흔적이 사람에게도 남아 있다는 사실을 전제로 생각해 보자.

예를 들면, 자신이 사자라고 상상해 보자. 사자들이 초원에서 생활하는 동안 어떤 때에 기억을 필요로 하는가? 이런 상상을 통해 무엇이 기억력에 도움이 될지를 자연스레 이해할 수 있다. 세 가지 부분을 생각해 보도록 하자.

동물에게 공복空腹은 위기 상태를 뜻한다. "배가 고프면 싸울 수 없다."라는 속담도 있지만, 이 속담은 아마 꽤 옛날, 식재료 조달은 물론 먹는 것조차 구하기가 쉽지 않았던 시대에 전쟁터에서 쓰였던 말인 것 같다. 현대와 같은 포식 시대에 적용해서는 안 된다.

만약 사자라면 배가 고플 때 사냥을 나간다. 사냥 할 때는 정말로 기억력을 사용해야 할 시기이다. 실제로 배가 고픈 시간에 기억력이 증가한다는 사실은 과학적으로도 증명된 바 있다. 그렇다고 기아나 영양실조에 걸리라는 말은 아니다. 말하자면 아침, 점심, 저녁의 식사 전에는 뇌가 적당한 위기의식의 상태에 있다.

여러분은 학교에서 집으로 돌아와 잠자리에 들기 전까지 주로 언제 공부하는가? 대부분은 저녁을 먹고 난 뒤에 공부를 시작한다. 집에 와서 저녁을 먹기 전까지의 시간은 흥뚱항뚱 보내기 쉽다. 하지만 사자의 예를 생각하면 알 수 있듯이, 저녁식사 전의 공복이야말로 절호의 공부시간인 것이다.

조금 전문적으로 말하면, 공복 상태에서는 그렐린ghrelin이라는 식탐食貪호르몬이 위에서 분비된다. 이 그렐린이 혈류를 따라 해마에 도달하면 LTP 형성을 촉진한다.[11]

반면 식후 배부른 상태가 되면 그렐린이 감소할 뿐 아니라 위나 장에 혈액이 집중되는 탓인지, 두뇌 활동이 저하되기 쉽다. 사냥을 마친 사자도 위가 채워지면 나무그늘 아래서 낮잠을 청한다. 우리도 마찬가지로 배가 부르면 자고 싶어진다.

또한 사자는 사냥을 할 때 걷거나 뛰거나 한다. 걷는 순간 해마에선 자동적으로 세타파가 나온다.[12] 그 결과 기억력이 향상된다. 걷는 행위는 기억력 증강의 스위치와도 같다.

여러분 중에는 걸어 다니면서 암기하면 더 잘 외워진다는 사실을 눈치 챈 사람이 있을지도 모른다. 저자 역시 고등학생 시절 식탁 주위를 뱅글뱅글 돌면서 영단어나 연호年號를 외웠다. 그것이 책상에 앉아 외우는 것보다 효과적임을 깨달았기 때문이다. 지금 생각해보면, 세타파 덕분이었던 것 같다. 하지만 일반 도로를 걸어가면서 암기하는 행위는 교통사고 위험성을 증가시키니 피하기 바란다.

동물실험 자료에 의하면, 자신의 다리로 걸을 때에 더 효과적으로 세타파가 방출된다고 한다. 하지만 꼭 그런 것만은 아니다. 예를 들면, 탈것을 타고 이동할 때에도 세타파가 방출됨을 확인하였다. 버스나 지하철 속에서의 흔들림이라 하더라도 이동 중이라는 사실을 뇌가 감지하기만 하면 세타파가 나온다고 한다.

자, 공복이나 보행뿐 아니라, 방안 온도에 대해서도 사자 연상법을 응용할 수 있다. 동물은 추위를 느끼면 위기감을 갖는다. 겨울이 되면 사냥이 힘들어진다는 사실을 본능적으로 알기 때문이다.

그러므로 방안의 온도는 약간 낮은 편이 공부의 효율성을 높인다. 여름이라면 냉방이 잘 되는 시원한 방에서 공부하는 것이, 반대로 겨울은 그다지 난방을 하지 않는 것이 좋다. 입시 전 정월 무렵에 난로 앞에 앉아 따뜻한 차를 마시며 뜨끈뜨끈하게 공부하는 모습은 별로 바람직하지 않다.

또한 실온이 높으면 위기감이 줄어들 뿐 아니라, 머리 전체의 혈행血行에 변화가 생겨 사고력 저하로 이어지고 만다. 뇌 온도와 방안의 온도 사이에 어느 정도의 차이가 없으면, 머리는 제대로 일을 하지 못한다. 예로부터 전해진 '두한족열頭寒足熱'이라는 말을 기억하기 바란다. 이 부部에서는 사자 연상법을 이용하여 공복, 보행, 방안 온도 등 세 가지를 생각해 보았다. 여러분도 스스로 궁리하면서 여러 상황에 응용해보기 바란다. 의외의 효과를 얻을 수 있을 것이다. 혹시 좋은 방법을 알게 된다면 부디 저자에게도 알려 주기 바란다. 동물의 긴 진화 과정을 통해 길러진 성질을 이용한 방법이므로 효과는 이미 보장된 것이나 다름없다.

감정 고조

자신의 과거 기억을 떠올려보면, 재미있었던 기억이나 괴로웠던 기억처럼, 감정과 연관 있는 기억을 많이 떠올릴 수 있다는 사실을 깨닫게 된다. 이른바 추억이라고 부르는 기억이다. 희로애락 등의 감정은 뇌 깊숙이 존재하는 아몬드 모양의 편도체라는 부위에서 생긴다. 편도체가 활동해 감정이 고양되면, 그 신경신호를 추억이라는 기억으로 만들기 시작한다. 다시 말해 희로애락 등의 감정이 나타나는 순간은 다른 때에 비해 기억하기 쉽다는 뜻이다. 편도체를 사용하면 암기가 쉬워진다.

편도체의 효과는 그뿐이 아니다. 편도체가 활동하면 기억력뿐 아니라 무려 집중력까지도 높아진다. 편도체는 전두엽(대뇌피질의 일부)에도 신호를 보내 사물에 대한 집중력을 지속시키도록 만든다. 다시 말해 감정을 환기시키는 사물은 싫증을 느끼지 못한다. 영화도 소설도 마찬가지이다. 감동적인 영화는 질리지 않고 마지막까지 감상할 수 있다. 이런 효과를 '감정 고조emotional arousal'라고 한다.

그러니 질리지 않고 공부를 계속 하기 위해서는 감정을 고양시키기 위한 노력을 해야 한다. 예를 들면, 유치한 말장난을 만들

어 외우거나, 내용을 조금 야한 농담으로 만드는 등의 노력이 필
요하다.

제4부
신기한 수면

16. 수면도 공부의 일종이다

지금까지 복습의 중요성을 재차 설명하였다. 여러분은 복습은 노력을 통해 얻는 것이라 생각하는가? 하지만 놀랍게도, 노력하지 않아도 '저절로' 복습이 가능하다. 바로 수면이 그 기능을 한다. 잠을 자는 동안에도 뇌는 알게 모르게 복습을 수행한다.

최신 뇌과학의 관점에서 보면, 무언가 새로운 지식을 몸에 익히면 그날은 충분한 수면을 취해야 한다. 반대로 한숨도 자지 않고 집어넣기만 한 정보는 뇌에서 빠르게 지워진다.

여러분은 시험 직전에 밤을 새워가며 암기한 지식은 결국 뇌에 남지 않고 깨끗하게 지워졌다는 사실을 기억할 것이다. 부득이한 경우라면 벼락치기 공부를 할 수밖에 없겠지만, 일단은 수면이 학습에서 얼마나 중요한지를 알아두는 편이 좋겠다.

수면에 관한 비밀의 열쇠 역시 해마가 쥐고 있다. 여러분은 의외라고 여길 수 있겠지만, 해마는 꿈을 꾸는 동안에도 왕성한 움직임을 보인다.

꿈은 기억의 재생이다. 이렇게 말하면 무슨 뜻인지 잘 이해하지 못할 수 있을 것이다. "별난 환상이나 신화에 나올 법한 세계를 꿈에서 보곤 하는데, 그것은 현실과는 전혀 상관없잖아."라는 반론이 들리는 듯하다.

여러분은 고대 그리스어를 유창하게 구사하는 꿈을 꾼 적이 있는가? 물론 없을 것이다. 왜냐하면 뇌에 고대 그리스어에 대한 정보가 없기 때문이다. 뇌에 존재하지 않는 정보는 아무리 환상적인 꿈이라고 해도 만들 수 없기 때문이다.

다시 말해서 꿈이란 뇌에 있는 정보나 기억의 단편을 이것저것 짜 맞추어 만든 영상에 불과하다. 꿈을 꾸는 이유는 짜 맞춘 그런 영상에 의미가 있는지 없는지를 시행착오를 통해 알아내기 위한 것이라고 생각하는 연구자도 있다.

사람은 하룻밤에도 방대한 꿈을 꾼다. 모든 장면은 해마의 정보나, 대뇌피질의 기억이 꿈속에서 재현된 것이다. 잠에서 깨어난 후에 생각나는 꿈은 극히 일부에 불과하다. 너무나 이상한 꿈을 보면, '이상한 꿈이다'는 강한 인상이 남아 깨어난 후에도 생각나곤 한다.

뇌는 수면 중에도 정보를 여러 가지 형태로 조합하며 올바른 순서인지 확인하는 등 과거의 기억을 정리한다. 어떤 정보가 필요한지, 어떤 정보가 불필요한지를 해마가 조사하는 것이다. 그러므로 수면을 취하지 않으면, 해마에게 정보를 정리하여 선택할 여지를 주지 않는 셈이 된다. 결과는 뻔하다. 정리되지 않은 정보는 폐

기처분되고 만다.

　잠은 외운 정보를 제대로 보존하기 위한 중요한 행위이다. "시험 직전에만 공부할 거야. 매일 밤 새워서 말이야!"라고 말하는 사람을 종종 본다. 그러나 수면시간을 줄이면 실력을 쌓아올릴 수 없다. 기억은 뇌 속에 오랜 기간 동안 저장되어야만 비로소 의미가 있다. 벼락치기로 시험에서만 좋은 성적을 얻는 것은 임시변통에 불과하다.

　귀중한 수면시간을 줄이면서까지 좋은 성적을 얻으려고 하는 마음가짐은 장기적으로 보면 아무런 쓸모가 없다. 모처럼 열심히 공부한 노력을 헛되게 만들지 않으려면, 가능한 한 수면시간을 줄이지 않아도 될 공부 계획을 세워야 하겠다.

학습의 기본은 '외울 수 있는 범위 내에서 외운다. 이해할 수 있는 범위를 확실하게 내 것으로 만든다' 이다. 그 다음은 미련 없이 자야 한다. 할 수 있는 일을 제대로 하고, 남은 일은 해마에게 맡긴다. 충분히 잠을 자고, 해마의 활동에 기대를 건다. 이것이 시험공부의 철칙이다. 잠을 자기만 하면 해마가 알아서 처리해 준다니 이보다 더 편할 수는 없다.

합격 여부는 바이오리듬이 결정한다?

시간에 쫓기지 않고 조용히 공부할 수 있는 밤이 좋아 저녁형 공부를 즐겨 했습니다. 그런데 입시가 아침부터 오후까지 치러지기 때문에, 큰맘 먹고 아침 일찍 일어나 공부하는 아침형으로 공부습관을 바꿨습니다. 처음은 약간 졸렸지만 차가운 물로 세수하고 물을 한잔 마시고 공부를 시작하는 습관을 들였습니다.

시간이 지나면서 새로운 바이오리듬에 몸도 머리도 익숙해져 공부가 잘 되어갔습니다. 입시 1주일 전에는 같은 요일 같은 시각에 맞춰 시험 장소까지 가보기도 했습니다. 입시 당일 가능한 한 쓸데없는 일에 신경을 쓰지 않기 위한 것이었습니다.

사람에게는 제각각 바이오리듬이 있다고 들었습니다. 입시에 붙고 떨어지는 것은 실력보다 의외로 그 사람의 바이오리듬과 더 큰 관련이 있는 것이 아닐까요? 바이오리듬이 가장 좋을 때 시험을 본 대학은 붙고, 가장 나쁠 때 시험을 본 대학은 떨어지는 것이 아닐까 하는 생각을 해보았습니다. (고3 학생)

저자의 충고

바이오리듬(생체주기)의 존재는 과학적으로도 증명된 바 있다. 스포츠를 보면 더 잘 알 수 있다. 아무리 우수한 선수라도 슬럼프는 있게 마련이다. 바이오리듬은 상태가 좋을 때와 나쁠 때를 구분 짓는 파장이다. 바이오리듬의 파波는 대개 주기적으로 반복된다.

바이오리듬은 한 종류가 아니라 짧은 주기와 긴 주기 등 여러 가지로 나누어진다. 눈 깜빡임이나 심장박동, 호흡 같은 초 단위 리듬, 아침에 일어나 밤에 자기 전까지의 하루 단위 리듬, 생리주기 같은 1개월 단위 리듬, 가을에는 식욕이 왕성해지는 등의 1년 단위 리듬이 있다. 더 나아가 수년간 이어지는 장기 리듬의 존재도 확인되었다. 그중 몇 가지에 관해서는 뇌 메커니즘이 설명해주기도 한다.

모든 리듬의 절정기가 겹치는 순간 사람은 평소보다 강력한 능력을 발휘하기도 한다. 올림픽 출전 선수들은 4년에 한 번 열리는 대회에서 자신의 여러 가지 바이오리듬의 절정기를 맞추기 위해 훈련을 거듭한다.

물론 자신의 바이오리듬을 제대로 파악할 필요가 있다. 공부에서 특히 중요한 바이오리듬은 말할 필요도 없이 24시간 주기 리듬이다. 이 리듬이 시험시간대와 제대로 맞지 않으면 실력을 발휘하지 못하고 시험이 끝나버리는 비극이 일어날지도 모른다. 24시간 주기 리듬은 아침에 재설정된다. 따라서 이 리듬이 엇나간 상태라면, 아침에 일어나서 차가운 물로 얼굴을 씻거나 태양 혹은 밝은 형광등 불빛을 쬐면서 제대로 재설정하기 바란다.

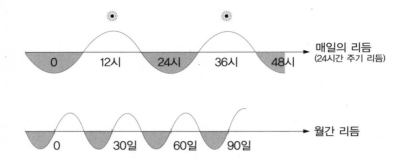

또 '입시 1주일 전에는 같은 요일 같은 시각에 맞춰 시험장까지 가보기도 했다'는 부분은 바이오리듬과 관계없기는 하지만, 뇌의 예측기능을 이용한 재미있는 기술이다. 이처럼 예행연습을 함으로써 뇌는 무의식중에 예정 행동을 설정하여, 시험 당일에 시험 이외의 요인으로부터 받을 정신적 스트레스를 줄일 수 있었을 것이다.

17. 꿈은 실력을 키운다

수면 특히 꿈의 중요성을 설명했다. 꿈이 뇌에 미치는 작용은 그밖에 더 있다.

예를 들면, 학습을 통해 배운 내용을 조금 시간이 흐른 뒤에 더욱 깊이 이해하는 경험을 해 본 적이 있는가? 지금까지 공부해도 전혀 이해되지 않던 무언가를 어느 날 갑자기 이해하는 경험. 또는 피아노 수업시간에 아무리 연습해도 치지 못했던 부분 때문에 화가 나 그냥 잠들었는데, 다음날 아침 피아노 앞에 앉으니 못하던 부분을 순조롭게 쳐내려간 경험 말이다.

이런 신기한 현상을 레미니선스reminiscence(과회상過回想)라고 부른다. 실은 이 현상도 잠을 자는 동안 기억이 제대로 정리정돈된 덕분에 나타나는 현상이다. 꿈을 꾸면 기억이 성장한다는 뜻이다. 재워서 숙성시킨다는 측면에서는 마치 와인과도 같다.

반대로 말하면 학습한 내용이 레미니선스에 의해 충분한 효과를 발휘하기 위해서는 어느 정도 시간이 필요하다는 것을 알 수 있다. 직전에 외운 지식보다, 며칠 지난 지식이 훨씬 잘 정리되어 뇌에서 유용한 기억으로 받아들여지는 것이다.

물론 레미니선스를 기대하며 잠만 자려고 한다면 단순한 게으름뱅이에 불과하다. 하지만 매일의 공부를 효과적으로 만들기 위해서는 수면을 꼭 취해야 한다는 것을 알 수 있다.

렘수면

　잠자는 중이라 별로 의식하지 못했을 수도 있지만, 수면에도 리듬이 있다. '얕은 잠' 과 '깊은 잠' 이 주기적으로 반복된다. 대개 90분 정도 주기이다. 얕은 잠을 잘 때에는 잠자고 있음에도 불구하고 눈을 두리번거리기도 한다. 이것은 렘수면이라는 수면 상태이기 때문이다. 안구가 움직이는 현상은 꿈을 꾸고 있기 때문이라고 생각하는 연구자도 있다.

수면시간이 6시간인 경우

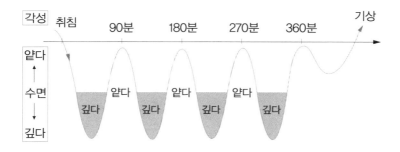

　얕은 잠과 깊은 잠은 잠자는 동안 몇 번이고 (보통 4~6회 정도) 반복되며, 충분한 수면을 취하고 나면 얕은 잠이 끝나면서 자연스

럽게 눈이 떠진다. 그런데 깊은 잠을 자고 있을 때에 알람시계로 강제로 깨면, 잠투정을 심하게 하게 되거나 머리가 멍한 상태가 오래 지속된다. 심지어 하루 종일 의식이 몽롱한 상태가 풀리지 않아 몹시 힘들 수도 있다. 만약 시험 당일 이런 상태에 처한다면 정말 큰일이다.

산뜻한 두뇌로 하루를 보내기 위해서는 적절한 시간에 일어나려는 준비를 할 필요가 있다. 수면 주기는 사람에 따라 다르기 때문에 자신의 리듬을 파악해야 한다. 그리고 평소에 동일한 시간에 자고 동일한 시간에 일어남으로써 하루의 리듬을 만들어야 한다.

최근에는 자면서 몸을 뒤척이는 타이밍 등을 통해 수면 주기를 측정하여 일어나야 할 시간에 벨을 울리는 알람시계도 있으니 활용해보기를 바란다. 손쉽게 얻을 수 있는 것들 중 하나는 아이폰 어플리케이션 '슬립 사이클 알람 클락sleep cycle alarm clock' 이다.

18. 수면과 기억의 신기한 관계

세타파는 기억 향상에 도움이 된다는 말을 하였다. LTP 발생을 돕기 때문이다. 흥미롭게도 낮 시간에는 강한 세타파가 방출되지는 않는다. 세타파를 가장 강하게 방출하는 시간대는 잠을 자고 있을 때이다. 특히 얕은 수면이 이루어지는 시간대이다.

수면과 기억의 관계에 관해 다음과 같은 실험이 이루어졌다.[13] 어학 공부를 한 뒤 시험을 보고, 공부 전에 비해 얼마나 점수가 올랐는가를 조사한 실험이다.

물론 공부를 하면 점수가 향상된다. 이 자체는 당연한 일이다. 하지만 공부한 뒤에 평소처럼 수면을 취하게 하고, 다음날 아침에 다시 한 번 시험을 본다. 그러자 다음날 아침이 전날 공부 직후보다 더 향상된 성적을 보였다.

공부하면 그만큼 지식의 증가가 있기 때문에 점수가 오르는 것은 당연한 일이다. 하지만 수면에 의해 점수가 향상된다니, 도대체 어떻게 된 일인가? 그저 잠을 잔 것뿐이니 '지식의 총량은 변함

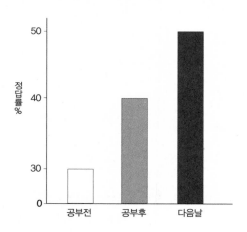

수면을 통해 기억을 정리 한다

이 없다'. 그럼에도 불구하고 성적이 향상되었다.

아마 지식은 그저 뇌에 집어넣기만 해서는 사용할 수 없는 것 같다. 지식을 난잡하게 쌓아놓기만 하면 바로 사용할 수 없는 상태가 되는 것이다. 이래서는 아무리 대단한 지식이라도 머릿속에서 썩히는 상황에 불과하다.

쌓은 지식을 정리정돈 하여 '사용할 수 있는' 상태로 바꾸는 것이 수면의 역할 중 하나이다. 수면을 취함으로써 지식의 양은 변함이 없지만, 지식의 질이 변하는 것이다. 정보로서 유용하게 사용할 수 있는 모습으로 변환되었기 때문에 다음날 아침 시험성적이 향상되는 신기한 현상이 일어난 것이다.

이것은 비단 기억뿐만이 아니다. 영감idea도 수면이 도와준다는 것을 알아냈다.[14] 문제를 차근차근 곱씹어본 뒤 수면을 취하면,

다음날 아침 불현듯 해답이 떠오를 확률이 높다. 그러므로 자기 전에 문제를 곱씹어보는 습관 역시 중요하다.

수면을 통해 기억이 정착하는 효과는 밤에 취하는 수면뿐 아니라 낮잠에서도 발견된다.[15] 시간적 여유가 있으면 낮에 공부를 한 뒤 30분 정도 낮잠을 자면 기억력 향상에 도움이 된다.

수면의 중요성을 알고 나면, 그 중요성이 오히려 부담감으로 작용해 시험 전에 제대로 수면을 취하지 못할 수도 있다. '어쩌지. 이대로라면 기억이 머릿속에 정착하지 못할 텐데' 하는 압박감을 받는 사람이 있을 수 있다. 하지만 안심하길 바란다. 수면의 효과는 잠 자체가 중요한 것이 아니라 '뇌로 보내는 정보를 끊고, 뇌에 정리정돈 할 시간을 주는 것'이 중요하다. 실제로 깨어 있어도 조용한 장소에만 있으면 해마의 정보 재생이 시작된다.[16]

그러므로 조용한 방에서 눈을 감고 있는 것만으로도 수면과 같은 효과를 얻을 수 있다.[17] 불면증 환자의 대부분은 잠들지 못하는 상황 자체에 고통을 느끼며 초조해하거나 불안해한다. 잠들지 못하는 상황을 견디지 못하고 TV를 보거나 독서를 하면서 기분 전환을 꾀하기도 한다. 그래서는 안 된다. 그런 식으로 뇌에 정보를 주입하면, 수면과는 정반대의 일들이 일어날 뿐이다. 잠을 잘 수 없더라도 TV 시청이나 독서를 그만두고 불도 음악도 끈 채 이불 속에서 날이 새기를 기다려라. 잠을 자지 못해도 신경 쓰지 말고 뇌를 혼자 있게 내버려둬라. 그것만으로도 충분하다. 불면증 환자들 중에는 '잠들지 않아도 괜찮아'라는 생각을 하는 것만으로도 정신적 부담이 줄어들어 자연스럽게 잠드는 사람도 있다고 한다.

잠을 자면서 학습용 음악을 들으며 공부하는 이른바 '수면학습' 은 통상적으로 아무런 효과가 없다. 수면 중에는 뇌를 방해하지 않는 것이 가장 좋다.

기분 전환과 집중력

"같은 자세로 줄곧 공부하다 보면, 머리가 멍해지며 집중력을 잃게 됩니다." 하고 상담을 신청하는 사람들이 있다. 그럴 때에는 가볍게 몸을 움직여 기분 전환을 해보라. 그밖에 음악을 몇 분간 듣는 것도 도움이 된다.

저자가 실천하는 집중력을 높이는 방법을 소개하겠다. 이른바 '계란법'이다. 처음 시도할 때에는 3분 정도 걸릴 수 있지만, 익숙해지면 30초도 걸리지 않는다.

일단 눈을 감아라. 그리고 끝이 뾰족한 고깔모자를 쓰고 있다고 상상하라. 그 다음 손 위에 삶은 달걀이 올려져 있다고 상상하라. 그 달걀을 가볍게 공중으로 던져 반대쪽 손으로 받아낸다고 상상하라. 이 동작을 수회 반복한 뒤, 잘 쓰는 손으로 계란을 고깔모자 꼭짓점에 세워보라. 균형을 잘 맞추어 떨어지지 않도록 조심한다. 제대로 올라갔는가? 그러면 계란을 의식하면서 살짝 눈을 뜬다. 그러면 집중력은 눈앞의 공부책상을 향하게 된다. 이 작업에 익숙해지면, 계란을 좌우로 던지는 작업을 하지 않아도 된다. 바로 계란을 고깔모자 위에 올려 집중할 수 있게 된다.

한편 '열심히 해' '좋았어' 등 기분을 호전시키는 말이 눈에 들어오면, 확실히 기분이 좋아지지는 않는다 해도, 실제로 기합이 들어간다는 사실은 증명되었다.[18] '필승 합격' '목표 OO대학' 등의 목표를 책상 앞에 붙여 두면 어느 정도 도움이 될 수 있다.

19. 공부는 매일 꾸준히

　여기서 수면 효과를 고려한 두 가지 공부법을 같이 생각해보겠다.

　먼저 벼락치기 공부가 효과적인지를 생각해보자. 이 책을 읽고 있는 사람들 중 상당수가 벼락치기 공부 경험이 있을 것이다.

　참고로 전문용어로는 벼락치기가 아니다. 기억 연구계에서는 그것을 집중集中학습이라고 부른다. 단번에 모든 공부를 몰아서 하기 때문에 집중이라는 단어가 사용된다. 반대로 매일 꾸준히 하는 공부를 분산分散학습이라고 부른다. 분산이란 주의력이 산만하여 집중하지 못한다는 의미가 아니라, 공부 시간을 구분 짓고 조금씩 분산시켜 공부한다는 의미이다.

　집중학습과 분산학습. 어느 쪽이 더 효율적인 기억 공부법일까? 다음과 같은 실험을 하였다.[19] 실험대상자들을 분산학습 그룹과 집중학습 그룹으로 나눈 뒤 단어 조합을 외우도록 했다. 총 학습시간은 둘 다 동일했다. 하지만 집중학습 그룹은 시험 하루 전날에 모든 단어를 한꺼번에 외우는 데 비해 분산학습 그룹은 전날과 전전날로 나눠 공부를 하도록 했다. 두 그룹의 점수가 어떻게 나왔을까?

놀랍게도 두 그룹의 시험점수는 별 차이가 없었다. 다시 말해, 시험의 성적이라는 관점에서는 두 경우 모두 좋은 전략인 것이다.

시간 들여 외운 지식은 잘 잊어버리지 않는다

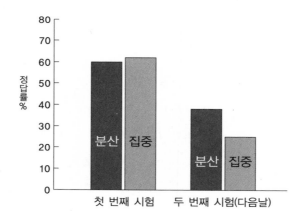

그런데 다음날 다시 한 번 시험을 보게 했다. 두 번째 시험은 예고 없이 갑자기 실시하였다. 그러자 점수의 차이를 확인할 수 있었다.

다음날 본 시험은 예고 없이 치러졌기 때문에 실험대상자들은 시험 준비를 전혀 할 수 없었다. 따라서 두 그룹 모두 낮은 점수를 보였다. 하지만 점수의 하락폭에서는 차이가 있었다. 분산학습 그룹의 경우 잊어버리는 속도가 느렸다. 단번에 지식을 축적한 집중학습 그룹은 잊어버릴 때에도 단숨에 잊어버렸다.

분산학습은 공부와 공부 사이에 수면이 있었기 때문에 그때그때 기억이 정착되었던 것으로 여겨진다.

그런데 '첫날 본 시험에서는 차이가 없었다'는 사실에는 주의가 필요하다. 왜냐하면 벼락치기 그룹 사람들은 '난 요령이 좋아. 시험 직전에 부랴부랴 공부해 매일 착실히 공부한 사람과 같은 점수를 받을 수 있으니까'라며 자만에 빠지기 쉽다. 표면적으로는 같은 성적일 수 있겠지만, 장기적인 실력이라는 측면에서는 매일 착실히 공부한 분산학습 그룹이 역시 더 유리하다.

바이오리듬

당신은 주로 언제 공부하는가? 아침인가? 점심인가? 아니면 저녁인가?

사람의 몸에는 리듬이 있어서 각자 정해진 시간에 세포들이 활동한다. 하루 동안의 생활리듬은 '24시간 주기 리듬'이라고 부르는데, 뇌의 시교차상핵視交叉上核이 제어한다.

물론 아침형 인간, 저녁형 인간 등 제각각 하고 싶은 말이 많을 것이다. 하지만 시험은 낮에 이루어진다는 사실을 잊지 말아야 한다. 한밤중에 공부하는 습관을 가진 사람은 시험 때마다 생체리듬을 한낮으로 바꿔야 한다. 이것은 마치 해외여행을 다녀와서 겪는 시차증時差症과도 같다.

실제로 시차증에 시달리면 해마 세포가 조금씩 죽기 때문에 기억력 저하를 야기하기도 한다.[20] 이 때문에 몇몇 항공사는 국제선 승무원의 스케줄을 대폭 조정하는 것을 추진 중이다. 이런 관점에서 시험공부를 생각해보면, 시험공부는 가급적 한낮에 하는 것이 좋을 것 같다.

이 점은 주말을 보내는 방법에도 영향을 미친다. 예를 들면 휴일에는 늦게까지 자는 사람들이 많다. 하지만 이런 행동은 자신의 몸을 시차증에 시달리게 만들어 뇌를 괴롭히는 행위에 불과하다. 휴일에도 평일과 같은 시각에 일어나야 한다. 졸음을 참을 수 없다면, 다시 잠자리에 들기보다 낮잠을 자는 쪽이 낫다.

그런데 바이오리듬은 하루 단위뿐 아니라 주 단위, 월 단위, 연 단위 등 여러 종류가 있다. 1주일 단위의 리듬으로 말하면, 공부 효과가 가장 높은 시기는 금요일과 토요일이라는 보고가 있다. '금요일 효과'라고 부르는 현상이다. 그 이유는 아직 과학적으로 설명할 수 없다. 하지만 주말은 여가를 즐기는 것보다 공부를 하는 편이 더 낫다.

20. 자기 전은 기억의 황금시간대

수면 효과를 얻기 위한 공부법, 그 두 번째는 공부 시간대와 관련된 것이다. 기억하기 좋은 시간대를 고르라면 아침과 저녁 중 어느 쪽을 고르겠는가?

아침에 공부한 그룹과 밤에 공부한 그룹이 시간이 지나면서 어떻게 기억을 잃어 가는가를 알아보기 위해 망각 속도를 비교해 보았다.[20] (1) 외운 직후, (2) 12시간 후, (3) 24시간 후 등 세 번에 걸쳐 각각 시험을 시행했다.

아침에 공부한 그룹은 12시간 후인 밤에 시행한 시험의 성적이 꽤나 저하되었다. 낮에 여러 가지를 경험했을 것이니, 아침의 기억이 선명하지 못한 것은 이해할 만하다. 하지만 밤에 수면을 취하고 나니 점수가 다소 회복되었다. 그러나 그 효과로는 충분치 못하다.

그런데 밤에 공부한 그룹은 학습 직후에 바로 수면을 취한다. 그러므로 점수 향상 효과를 즉각 발견할 수 있다. 아침형이 결코

자기 전에 한 공부는 오래 기억에 남는다

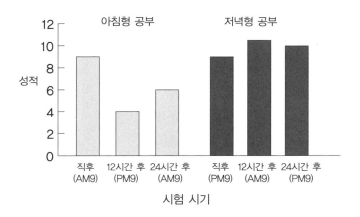

도달할 수 없었던 점수이다.

다시 말해, 무언가를 외웠다면 잊어버리기 전에 수면을 취하라. 이것은 바로 철칙이다. 그러므로 기억에 관한 한 아침형 인간보다 저녁형 인간이 효과적인 것이다.

하지만 저녁형은 밤샘과는 다르므로 주의하기 바란다. 저녁형은 매일 정해진 시간에 수면을 취한다는 사실에 유념해야 한다. 따라서 중요한 것은 어디까지나 '취침 전에 공부한다'는 것이다.

잠자리에 들기 1~2시간 전이 뇌에게는 기억의 황금시간대이다. 저자도 밤에 자기 전에 꼭 일하는 습관을 가지고 있다.

21. 하루의 효율적 사용 방안

지금까지 말한 수면의 효과나 사자 연상법을 근거로, 저자 나름의 하루 공부 계획을 세워보았다.

지금까지의 복습을 겸해 간단히 설명하겠다.

1. 식사 직전 공복에 공부를 한다.
2. 취침 전에도 공부를 한다.
3. 점심식사 후나 저녁식사 후에는 배가 부르기 때문에 공부를 하지 않는 것이 좋다. 독서나 TV시청, 게임 등 취미생활을 통해 풍요로운 생활을 영위하자.
4. 오후 시간대에 졸음을 뿌리칠 수 없다면 과감하게 낮잠을 잔다.
5. 혹시 낮잠을 자기로 마음먹었다면, 그 직전 시간에는 역시 공부를 한다.

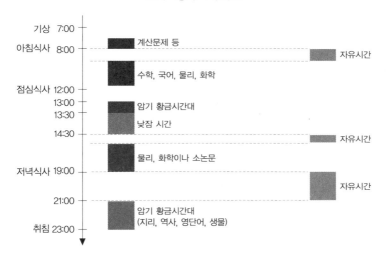

하루 공부 계획안

기상 7:00	
아침식사 8:00	계산문제 등
	자유시간
	수학, 국어, 물리, 화학
점심식사 12:00	
13:00	암기 황금시간대
13:30	낮잠 시간
14:30	
	자유시간
	물리, 화학이나 소논문
저녁식사 19:00	
	자유시간
21:00	
	암기 황금시간대 (지리, 역사, 영단어, 생물)
취침 23:00	

공부할 과목에 대해서도 생각해 보았다. 잠자리에 들기 전에는 특별히 기억을 요하는 과목이 유리한 시간대이다. 그러므로 사회나 생물, 혹은 영단어 등을 추천한다. 오전은 정신이 가장 깨어 있는 시간대이다. 이러한 시간대에는 논리력이나 사고력이 요구되는 과목, 예를 들면 수학이나 국어, 물리, 화학 등을 추천한다. 또 잠에서 깬 후 얼마 지나지 않은 시간대에는 암기를 피한 수학이나 일반적인 복습을 권한다.

하루에 몇 시간을 자면 좋을까에 관해 궁금해 하는 사람들이 있을지도 모르겠다. 그러나 수면 시간은 개인차가 크기 때문에 한마디로 뭐라고 말할 수는 없다. 6~7시간 반 정도가 평균이지만 3시간만 자고도 멀쩡한 사람이 있으며, 10시간을 자야만 하는 사람도 있다. 이런 개인차는 아무래도 유전의 영향인 것 같다. 노력만으로는 쉽사리 바꾸기 힘들다.

저자의 개인적인 인상으로 말하면, 많은 사람들은 '잠을 자는 것은 좋은 일이다' '가능한 한 많이 자고 싶다'는 소원을 늘 가지고 있는 듯하다. 그래서 이상적 수면 시간을 물으면 저자는 조금 길게 대답하는 경향이 있다.

수면의 달콤한 유혹을 뿌리치고 자신에게 어느 정도의 수면 시간이 정말로 필요한가를 정확히 검증하는 일은 효과적인 공부 계획을 세우기 위해 중요하다. 저자 역시 학생시절에는 8~10시간 정도 자야만 머리가 돌아간다고 강하게 믿었다. 그런데 어느 날 실험해 보니 5시간 정도만 자도 괜찮다는 사실을 깨달았다.

제5부
흐릿한 뇌

22. 기억의 본질

　제5부에서는 동물의 뇌가 가지고 있는 기본적인 성질을 알아보고, 그에 상응하는 최상의 공부법을 생각해 보겠다.

　다윈이 주창한 진화론을 알고 있는가? 진화론이란 사람은 성서의 기록처럼 신이 만든 창조물이 아니라 원시적 동물에서 조금씩 진화하여 고도의 동물로 성장했다는 학설이다. 다윈의 말에 의하면 미생물, 곤충, 사람 등 모든 생물은 같은 기원을 가지고 있다.

　뇌도 마찬가지이다. 뇌도 처음에는 곤충과 같은 작은 동물 속에서 만들어져, 차츰 복잡한 기능이 첨가되고 크기도 커지면서 최종적으로 사람의 뇌가 되었다. 사람의 뇌도 기원을 더듬어 올라가면, 더 원시적인 동물의 뇌 속에 원형이 남아 있다고 할 수 있다. 다시 말해, 사람의 뇌의 본질은 동물의 뇌 속에 있다.

　자, 지금부터의 내용이 중요하다. 동물이나 곤충의 뇌는 사람의 뇌보다 단순하다. 다시 말해 동물의 뇌는 생명 유지를 위해 꼭 필요한 부분이 뇌기능의 대부분을 차지하고 있다. 그러므로 동물의 뇌 성질을 제대로 관찰하면, 사람의 뇌로는 잘 관찰할 수 없었던 뇌의 본질을 볼 수 있다.

반대로 사람의 뇌에는 생명 유지와는 직접적인 관련이 없는 고도의 능력 즉, '장식적인 부분'이 많아 뇌의 본질이 가려져 있다. 사람의 뇌를 보기만 해서는 실체를 이해하기 힘들다. 그래서 연구자들은 연구 재료로 사람 이외의 동물을 사용해 왔다. 민달팽이와 같은 곤충부터 원숭이처럼 사람과 비슷한 동물까지 여러 가지를 사용해 왔다. 저자는 개를 사용한 실험을 소개하고자 한다. 개의 학습을 보면 뇌의 의외의 측면을 볼 수 있다.

외부 발생적 동기 부여

물개나 원숭이 같은 동물이 재주를 부리게 하기 위해 자주 먹이라는 보수를 사용한다. 포상을 심리학에서는 '외부 발생적 동기 부여'라고 명명한다.

외부 발생적 동기 부여는 학교공부에도 사용된다. "잘 못하는 수학에서 80점 이상 점수가 나오면 좋아하는 걸 사줄게."라는 부모의 말을 듣고 열심히 공부하는 사람이 있고, "시험이 끝나면 놀이공원에 가자."라며 자신을 고무하는 학생도 있다.

이러한 방법에 대해 "동기가 불순하니 좋지 않다."라고 비난하는 사람도 있다. 하지만 심리학적 측면에서는 유효한 수단이라는 인식이 널리 퍼져 있다. 실제로 외부 발생적 동기 부여가 없으면 학습 능력이 현저히 떨어진다는 사실을 확인하였으며, 동물은 전혀 학습하지 못한다는 사실을 알게 되었다.

그런데 외부 발생적 동기 부여의 포상은 물건이나 돈 등 꼭 눈에 보이는 것일 필요는 없다. 무언가를 해냈다는 성취감 또한 외부 발생적 동기 부여이다. 예를 들면 목표를 달성한 순간 느끼는 기쁨은 보상으로서 충분한 가치가 있다.

그러므로 공부를 할 때에는 꼭 학습 목표를 세워야 한다. 많은 사람들이 "목표는 높게 세우는 편이 좋다."라고 말한다. 하지만 목표가 너무 높으면, 그것을 달성하여 보수를 얻는 횟수가 낮아지거나, 달성하지 못하고 오히려 좌절감만 맛보게 될 수 있다. 그러니 큰 최종 목표 이외에도 작은 목표 즉, 달성 가능한 목표를 병행해야 한다.

저자는 매일 간단한 목표를 달성 가능한 낮은 수준으로 설정하고 공부한다. 매일 조촐한 보수가 있어야 포기하지 않고 최종 목표를 향해 나아갈 수 있기 때문이다.

23. 실패에 굴하지 않는
적극적 자세가 중요하다

개를 키워본 사람은 알겠지만, 이 동물은 꽤 영리해 복잡한 단계를 학습할 수 있다.

하지만 개에게 어떤 행동을 학습시키기 위해서는 일정한 보수가 필요하다. 먹이를 주거나, 산책에 데려가거나, 쓰다듬어주는 등 개가 좋아할 만한 보수가 그것이다. 이 책에서는 먹이를 보수로 하여 한 가지 과제를 내보았다.

먼저 개에게 TV 화면을 보여준다. 이 화면 아래에는 단추가 있다. 이 장치의 화면에 동그라미 도형이 나타났을 때 단추를 누르면 맛있는 먹이를 얻을 수 있다. 사람 입장에서는 너무나 간단한 장치이지만, 개 입장에서는 약간 어려운 과제이다. 왜냐하면 먹이를 얻기 위한 과정을 말로 설명해줄 수 없기 때문이다. 그렇기에 뇌 학습의 본질을 더 잘 발견할 수 있다.

자, 실험에 사용된 개는 어떻게 보상을 받을까? 개가 학습하는 과정을 관찰함으로써 재미있는 기억의 비밀이 밝혀진다.

개의 세계는 사람 같은 고도의 문명이 발달하지 않았다. 물론 TV 화면은 태어나 처음 보는 신기한 물체이다. 눈앞의 단추 역시 어떤 의미가 있는지 모른다. 아니, 애초에 단추를 누르는 행위 자체를 모른다. 게다가 모니터에는 돌연 동그란 도형이 나타났다가 사라진다. 그야말로 황당 그자체이다.

그러던 중 돌연 단추를 누르자 맛있는 먹이가 나왔다. 정말 단순한 우연이었다. 그런데 그 우연이 몇 번이나 반복되자, 개는 '단추를 누른다' 와 '먹이를 얻는다' 사이에 관계가 있음을 깨닫는다. 여기까지가 학습의 첫 번째 단계이다.

다시 말해 학습이란 '사물의 관련성을 습득하는 행위' 라고 할 수 있겠다. 지금까지 독립적으로 발생하던 현상들이 머릿속에서 관련성을 가진 행위로 연결된다. 그것이 학습의 정체이다. 이 과제는 단추와 먹이의 관계이지만, 영단어 암기도 마찬가지이다. 'go=가다' 처럼 영어와 한국어의 결합을 이루는 행위야말로 학습이다.

자, 학습의 첫 단계를 통과한 개는 다음으로 어떤 행동을 취하였을까?

단추와 먹이의 관계를 깨닫자, 개는 먹이를 얻기 위해 단추를 몇 번이고 마냥 누르기 시작했다. 그러나 단추를 누른다고 해서 언제나 먹이를 얻지는 못했다. 왜냐하면 이 장치는 화면에 동그라미 도형이 없을 때에는 아무리 단추를 눌러도 먹이가 나오지 않도록 되어 있기 때문이다. 개는 몇 번이나 실패를 거듭하면서 어느 순간 이 사실을 깨닫게 된다.

결국 개는 화면에 나타나는 동그라미 도형과 단추의 관계를 깨닫고 이 학습과제를 온전히 이해하게 된다. 기억하기까지 몇 십 번, 몇 백 번이나 시행착오를 거듭한다. 이것도 아니고 저것도 아니고, 이렇게 여러 가지 실패를 겪은 결과 화면의 동그라미와 단추의 관계를 깨닫게 되는 것이다. 갑자기 성공하는 경우는 절대 없다. 실패 원인에 대한 의문과 그 해결책을 생각하면서 답을 도출해내는 것이다.

다시 말해 한 가지 성공을 이루기 위해서는, 그만큼 많은 실패가 필요한 법이다. 많은 실패가 없으면 올바른 기억도 없다. "실패하지 않는 사람은 아무 것도 하지 않는 사람이다."(에드먼드 펠프스)는 말처럼, 기억은 실패와 반복에 의해 형성되고 강화된다.

여러분의 공부도 완전히 같다. 반복, 다시 말해 복습이 중요하다는 사실은 이미 언급하였다. 그와 동시에 실패 역시 중요하다. 문제를 잘못 풀거나, 부주의로 인해 실수를 저지르고, 시험에서 나쁜 점수를 받는 것 등이 그것이다.

실패하면 그때마다 다른 대안을 생각하고, 또 실패하면 또 해결책을 생각하며…. 이런 방식이다. 실패 횟수가 많으면 많을수록 기억은 정확하고 확실해진다. 어쩌다가 우연히 계속 시험에서 좋은 점수를 받는다 해도, 당신에게는 실제적으로 아무런 이득이 남지 않는다.

그러므로 혹시 시험성적이 좋지 않더라도 고민할 필요는 없다.

손해라기보다는 오히려 득이 되었다고 생각할 충분한 가치가 있다. 만약 실패하면 '왜 실패했는가' 하는 의문을 통해 그 원인을 찾고 해결책을 생각하는 자세가 중요하다. 개들도 실패하면 고민하거나 괴로워하지 않고 언제나 다음 수단을 생각한다. 그 자세야말로 더 빨리 정답에 도달할 수 있는 비결인 것이다.

그렇다. 몇 번이고 실패를 거듭하며, 그때마다 해결책을 찾는다. '소거법消去法을 통해 자신을 조정해 나가는 것'이 뇌의 진정한 모습이다. 그러므로 공부에서 중요한 두 가지 측면-반성의 효과적 활용과 낙천적인 태도-을 겸비할 필요가 있다.

"언제나 자신을 갈고 닦아 두어라. 너는 세계를 보기 위한 창이다."

버나드 쇼(극작가)

특혜효과

여러분은 식사할 때에 좋아하는 반찬을 제일 먼저 먹는가, 제일 나중에 먹는가?

교육심리학 용어 중 '특혜特惠효과' 라는 말이 있다. '특혜' 라는 표현이 다소 이상하게 들릴 수 있지만 의미는 간단하다. '특별히 잘하는 분야를 활용하여 공부한다' 는 뜻이다. 못하는 분야를 두고 안달복달하는 것보다, 잘하는 분야를 더욱 살리는 것이 전체적인 성적 향상에 도움이 된다. 공부로 말하면, 아무리 노력해도 안 되는 부분이 있다면 그냥 넘어가는 것도 좋은 방법 중 하나이다.

특혜효과는 장기적인 공부뿐 아니라 시험을 치르는 짧은 기간 동안에도 응용이 가능하다. 요컨대 시험을 치를 때에는 자신 있는 분야의 문제를 확실히 맞히기 위해 자신 있는 문제를 가장 먼저 시작해야 한다. 자신 있는 문제를 푸는 사이에 자신감이 더 생기고, 의욕이나 집중력이 고양되는 것은 극히 자연스런 일이다.

맛있는 음식을 마지막에 먹는 습관은 식탁 이외의 다른 곳에서는 삼가도록 하자.

참고로 대학 입시는 대학 측이 이과계 우수 학생을 모집하고 싶을 때에, 예를 들면 '수학과 물리학은 150점 만점, 국어와 사회는 75점 만점으로 계산하여 합격자를 결정하겠다'며 과목별 가중치를 두는 학부가 있다.

이런 학부에는 이과 과목에 자신 있는 학생들이 시험을 치러 온다. 그러므로 수험생은 모두 이과 과목에서 좋은 점수를 얻게 되어 주요 과목에서는 그다지 큰 점수 차가 발생하지 않는다.

결국 대학 측 의도와는 달리, 주요 과목이 아닌 사회와 국어 점수가 합격 여부를 결정하는 경우가 적지 않다고 들었다. 국어를 잘하는 이과계 수험생, 수학을 잘하는 경제학부 수험생. 얼핏 모순처럼 보이지만 입시 현장에서는 실제로 이런 현상이 일어나고 있다.

자신이 잘하는 과목뿐 아니라 그 과목이 자신이 희망하는 대학 입시에서 차지하는 의미를 제대로 생각하면서 작전을 세울 필요가 있겠다.

24. 컴퓨터와 뇌의 차이

　제1부에서 설명한 것처럼 뇌도 컴퓨터도 정보를 보존(기억)할 수 있다. 둘 사이에는 RAM이나 하드디스크처럼 몇 가지 공통점도 존재한다.

　하지만 개 실험을 통해 여러분이 알게 된 뇌의 성질은 컴퓨터와는 꽤나 다르다. 왜냐하면 여러분도 잘 알고 있듯이, 컴퓨터는 한 번의 기억으로 완벽하게 학습한다. 컴퓨터에 입력시킨 문장이나 그래픽, 게임 데이터 등은 한 번 저장하면 제대로 보존된다. 게다가 틀리게 저장되는 경우도 없다.

　방금 전에 개에게 낸 문제 정도는 컴퓨터라면 간단히 풀 수 있다. 예를 들어 로봇에 내장된 컴퓨터 프로그램에 '화면에 동그라미 도형이 나오면 버튼을 눌러'고 지령을 내리기만 하면, 개처럼 몇 번이나 시행착오를 겪지 않고 바로 임무를 완수한다. 실수는 없다. 겨우 한 번의 학습으로 정답을 완벽히 기억하는 것이다.

　조금 전문적인 지식일 수 있겠지만, 뇌의 신경회로와 컴퓨터 전기회로의 차이를 확실히 해야만 하겠다.

앞서 언급한 것처럼 컴퓨터는 모든 정보를 0과 1의 디지털 신호로 전환하여 처리한다. 그리고 모든 정보를 빠짐없이 보존할 수 있다. 입력한 그대로 보존하기 때문에 흑이냐 백이냐, O이냐 X냐, 결코 틀릴 일이 없다.

그런데 사람의 뇌는 곧잘 잊어버릴 뿐 아니라 판단이 애매하며 답을 늘 헷갈린다. 아무래도 뇌와 컴퓨터는 정보처리 방법이 다른 듯하다. 이제부터 그 구조를 설명하겠다.

뇌의 신경회로 속을 흐르는 것은 컴퓨터와 같은 전기신호이다. 하지만 컴퓨터 신호는 전자의 흐름인데 비해, 신경신호는 이온(나트륨이온)이다. 그러나 둘 다 디지털 신호이기 때문에 발신원의 정보가 전파 도중에 변하지 않는다는 점은 동일하다.

하지만 지금부터는 둘 사이에 약간의 차이가 생긴다. 사람의 신경세포들 사이는 신경섬유 회로가 만들어져 있는데, 각각의 신경섬유는 물리적으로는 닿아 있지 않다. 신경회로는 전기회로와 달리, 회로 전체가 연결되어 있는 연결체가 아니라, 섬유와 섬유 사이에 조금이지만 틈이 있다.

그러므로 섬유를 타고 온 전기는 그 이음매에서 다음 신경세포로 옮겨 가야만 한다. 마치 서울에서 울릉도까지 한 번에 갈 수 없기 때문에 강원도에서 여객선으로 갈아타야만 하는 원리와 같다(역자 주).

그 환승처를 시냅스synapse라고 부른다. 시냅스의 간격은 머리

카락의 5,000분의 1 정도지만 떨어져 있기 때문에 전기가 통하지 않는다.

　이 공간은 아세틸콜린이나 글루탐산 같은 화학물질에 의해 전기신호가 변환되어 정보를 전달한다. 그 과정에서 만약 전기신호가 약하면 화학물질이 조금밖에 방출되지 않는 등의 변환이 이루어진다. 다시 말해 시냅스는 디지털 신호가 아니라 아날로그 신호로 되어 있는 것이다.

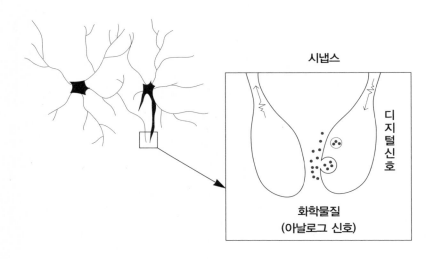

화학물질 양으로 신호의 강약이 정해진다!

　컴퓨터처럼 모두 0이나 1의 디지털 신호로 뭐든 기계적으로 충실하게 신호를 전달하면 좋을 텐데, 불행인지 다행인지 신경 시냅스는 아날로그 신호를 사용하고 있다.

실은 이 점이야말로 뇌가 컴퓨터와는 달리 신호를 전달하는 강도强度를 미묘하게 조정할 수 있는 원인이다. 전달받은 바통을 릴레이선수처럼 그대로 단순하게 다음 선수에게 전달하는 것이 아니라, 전하는 정보량을 자유롭게 선택할 수 있는 것이다. 그것이 바로 생각의 근원이다.

한편 아날로그 신호를 사용한다는 사실은 정보가 변할 수 있음을 뜻한다. 다시 말해 정보가 애매하게 변할 수 있다는 뜻이다.

이 같은 성질을 가진 뇌는 정답을 도출해내기 위해 시행착오가 필요하다. 실패를 하고, 그 원인을 생각하면서 다음 작전을 구상하고, 또 실패를 하고…. 이 같은 상황을 말한다.

이제 충분히 이해하였는가? 뇌의 기억은 아날로그 신호를 기반으로 하고 있기 때문에, 한 번에 외우는 것보다 오히려 소거법에 최적화 되어 있다. 디지털 신호 같이 무미건조하게 정보를 기계적으로 보관하지 않고, '저건 안 돼' '이건 그것과 달라' 하며 계속 잘못을 제거해 가면서 최종적으로 정답을 남긴다. 야생의 세계는 무엇이 기다리고 있는지 예측할 수 없는 곳이다. 무엇이 정답인지도 모르는 동물들의 생활에서 아날로그적인 소거법이 이치에 맞는 방법임이 틀림없다.

사람이 행하는 학습 또한 마찬가지이다. 공부에 필요한 요소는 다음과 같다.

1. 실패에 굴하지 않는 근성
2. 해결하려는 노력
3. 낙천적인 성격

여기까지 읽고 다소 실망하는 사람도 있을지 모르겠다. "뭐야. 결국 그거냐?"라며 말이다. 유감스럽지만 바로 그렇다.

하지만 실망하기에는 아직 이르다. 개의 학습을 촉진시키는 방법이 있기 때문이다. 그것이야말로 효율적 공부법의 비결이다.

'재미있다!'고 느끼는 순간

어떤 공부라도 '재미있다!'고 느끼기까지 일정한 시간과 노력이 필요한 것 같습니다. 우리가 지금 고등학교에서 배우는 과목은 거의 다 자기 스스로 '재미있다!'는 생각에서 시작한 공부가 아닙니다.

생각해 보면 '학교 이수 과목이기 때문에'나 '대학 입시 과목이니까'라는 이유로 전적으로 수동적인 자세로 공부하고 있습니다. 시험이 끝나면 망각의 저편으로 점점 사라져버릴 공부 따위가 무슨 의미가 있을까요. 실업계 고등학교나 전문학교에서 자신이 좋아하는 과목만 철저하게 배우는 사람이 더 이득일 것 같다는 생각을 떨칠 수 없습니다.

1년간 공부하면서 한 번도 '재미있다!'는 생각을 해 본 적이 없으니까, 지금 배우는 이 지식을 3년 후엔 거의, 10년이 지나면 하나도 기억하지 못하겠지요. 그렇다면 1년간 소비한 '50분×4시간×35주'라는 시간을 낭비해버린 셈일까요?

그렇게 생각하면 너무 안타깝기 때문에 '재미있다!'고 느낄 때까지 철저히 파고들어 보려고 합니다. '재미있다!'고 느끼는 바로 그 순간이 오셀로 게임에서 역전승하는 순간이기 때문입니다. (고2 학생)

저자의 충고

정말 멋지다! 미국 대통령이었던 링컨도 "이렇게 인간으로 태어난 이상 어떤 삶의 보람이 느껴질 때에 살아 있을 의무가 있다고 생각한다."라고 강력히 이야기했다. 기왕에 같은 시간을 들여 공부한다면, 그 노력을 헛되게 만들지 않겠다는 생각은 당연히 중요하다.

오셀로 게임이라니 정말 재미있는 비유이다. 현실적으로 말하면, 나중에 좋아하는 과목을 전문적으로 공부해도 힘든 국면에 많이 맞닥뜨리게 될 것이다. 그럴 때에는 이렇게 노력으로 일관할 수 있는 끈기와 확신이 중요한 작용을 한다. 앞으로도 열심히 하길 바란다.

"추위에 떤 사람일수록 태양의 따뜻함을 느낀다." 월트 휘트먼(시인)

25. 자신의 실력을 객관적으로 평가하자

개에게 더 빠르게 과제를 학습시키는 비결은 무엇인가?

그것은 간단하다. 가르치는 순서를 분해하는 것이다. 요컨대 학습을 단계별로 나누어 조금씩 익히게 하는 방법이다.

이전에도 말한 것처럼 갑자기 TV 앞에 개를 앉히고 화면에 동그라미 표시를 보여주며, 먹이와의 관계를 학습시키려면, 간단하게 학습시킬 수 없을 것이다. 몇 백 번 시행착오를 거치는 개도 있다. 왜 그런가? 그것은 이 과제에는 인과관계가 두 개 존재하기 때문이다. 다시 말해 '단추를 누르면 먹이가 나온다' 는 관계와 '도형이 나타나면 단추를 누른다' 는 관계이다.

앞서 '학습이란 사물의 관련성을 습득하는 행위' 라고 설명하였다. 독립적인 현상을 연결 짓는 행위이다. 이번 개의 과제는 이 두 가지 관련 학습을 동시에 습득시키려고 했던 것이다.

두 마리 토끼를 잡으려다 둘 다 놓친다. 두 가지 일을 한 번에 습득하기란 개의 입장에서는 어려운 일임이 틀림없다. 효과적으로 공부하기 위해서는 '두 가지 순서를 나누어서 한 가지씩 주의 깊게' 개에게 가르쳐야 한다.

먼저 화면에 동그라미 표시와는 상관없이, 단추를 누르기만 하면 먹이가 나오도록 기계를 설정한 뒤, 이 과제를 개가 완전히 익히도록 한다. 그 후 화면에 동그라미가 나올 때에만 먹이가 나오도록 설정을 바꾸고, 화면의 동그라미와의 관계를 다시금 여유 있게 기억시킨다. 이와 같이 하면 개의 학습이 현격하게 빨라진다.

두 가지 관계를 동시에 익히게 하는 것이 아니라, 한 가지씩 단계별로 나누어 외우게 하면, 언뜻 보기에는 시간낭비처럼 보이지만, 실제로는 현격히 높은 학습 효과를 확인할 수 있다. 이 실험의 경우에는 완전히 익히기까지의 실패 횟수가 10분의 1로 줄어들었다. 겨우 한 가지 단계를 분리해 외우도록 한 것뿐인데, 학습효과가 무려 10배나 증가하였다.

이 점은 학교공부에도 응용이 가능하다.

아무리 비효율적으로 느껴지더라도, 학습 순서를 제대로 밟는 편이 결과적으로는 실패 횟수를 줄인다. 갑자기 높은 수준의 공부에 손을 뻗어서는 안 된다. 기초를 제대로 몸에 익힌 뒤 조금씩 난이도를 높여야 최종적으로는 훨씬 빠른 습득에 도움이 된다.

이처럼 순서를 나누어 외우는 방법을 '스몰스텝small step법'이라고 한다.

단계를 나누면 나눌수록 효과는 배가된다. 개는 겨우 두 단계로 분해하고도 10배의 성과를 얻었다. 더 잘게 분해할 수 있다면 그 효과는 가늠할 수조차 없을 것이다.

실제로 학교 교과서는 기초부터 응용까지 부드러운 단계들로 연결되어 있다. 하지만 서점에서 파는 참고서들은 사용하는 학생에 따라 여러 가지 수준의 문제들이 있으니 주의해야 한다. 1학년이 갑자기 수험생용 참고서를 풀려는 행위는 무모할 뿐이다. 급할수록 돌아가라. 빨리 높은 단계의 지식을 배우고 싶은 마음은 이해하지만, 그것은 결코 효과적인 공부법이 아니다. 오히려 시간을 많이 잡아먹는 방법일 뿐이다.

"무언가를 이해하고자 하면 멀리서 찾지 마라." 괴테 (작가)

스포츠도 악기도 마찬가지이다. 무언가 새로운 것을 배우려면 꼭 순서를 지켜야 한다. 축구공을 차본 적이 없는데 갑자기 오버

헤드킥부터 연습한다면, 기술을 터득하기까지 많은 시간이 걸릴 것이다. 아니, 부상을 입고 몇 달 동안 실력의 변화가 없을 수도 있다. 내가 지금 얼마나 할 수 있으며, 어디부터 불가능한지를 정확하게 파악하고, 약점을 조금씩 극복하기 위한 마음의 준비를 해야 한다.

"인간의 가장 위대한 힘은 그 사람의 가장 큰 약점을 극복하는 데서 생겨난다."라는 미국 지식인 데이비드 레터맨의 말처럼 무엇보다 먼저, 자신의 실력 수준을 제대로 확인해야 한다.

만약 수학을 못해 그 실력이 아직 초등학생 수준이라면, 고등학생용 교과서나 참고서를 사용하여 공부한다 한들 무슨 내용인지 전혀 이해하지 못하고 끝날 것이다. 아무리 노력해도 수학 성적은 거의 오르지 않을 것이다. 그런 상황에서는 고등학생으로서의 자존심을 버리고 초등학생용 산수 학습지부터 풀어야 한다. 그래야만 공부 시간을 조금이라도 줄일 수 있으며 학습 시간에 걸맞은 성과를 얻을 수 있다.

먼저 자신의 약점을 파악하라. 그리고 그 약점을 조금씩 극복하라. 목표를 멀리서 바라보며 조바심만 키워서는 안 된다. 항상 스몰스텝법을 염두에 두도록 하자. "우리가 해야 할 중대한 일은 멀리 있는 불확실한 일이 아니라, 아주 가까이 있는 확실한 일이다."라고 사학자 토머스 칼라일은 말했다. 큰 목표뿐 아니라 달성하기 쉬운 작은 목표를 설정해, 조금씩 전진하는 것이야말로 뇌에 좋은 방법이다. 무엇이든 한걸음씩 나아가자.

앞서 신경세포의 시냅스는 정보를 얼마나 다음으로 보낼지를 변경할 수 있다고 설명했다.

뇌는 컴퓨터처럼 입력된 정보를 고스란히 보내거나 저장하는 것이 아니라, 비슷한 것을 외우기 위해 비슷하지 않은 것을 삭제해간다. 그 때문에 뇌는 컴퓨터와 달리 자주 실수를 범한다. 정말 인간다운 존재이다.

'알다'는 도대체 어떤 상태일까? '알다'는 바꿔 말하면 '나누다'라고도 표현할 수 있다. 그러므로 여러분은 "모르겠다, 모르겠어!" 하고 한탄할 여유가 있다면 '나누어야' 한다. 아는 곳까지 거슬러 올라가 그곳에서부터 다시 도전하라.

'모르겠다'는 말은 '나누지 못했다'는 뜻이기 때문에, 다시 잘게 조각내는 작업을 반복해야 한다. 그렇다, 스몰스텝이 최선이며 최단最短의 방법이다. 전체적인 상황을 파악하고, 그것을 크게 몇 가지로 나눈 뒤 더욱 잘게 조각낸다. 하나하나 순서를 밟아가며 지식을 쌓아나가는 것이다.

공부란 말하자면 벽돌을 쌓아 집을 조금씩 짓는 과정과 같다. 지푸라기로 만든 집은 바람이 불면 날아가 버리지만, 벽돌로 쌓은 집은 간단히 무너지지 않는다.

참고서의 수준

　출발이 늦은 감이 있어서 느닷없이 높은 수준의 참고서를 샀습니다. 하지만 시간낭비만 하고 조금도 발전이 없었습니다. 그래서 이번엔 서점에서 책을 훌훌 넘겨보며 70% 정도 알만한 문제들로 이루어진 문제집을 사와서 2주 만에 전부 끝내버렸습니다. 그랬더니 학력고사 결과가 무려 10%나 올랐습니다.

　문제집을 두 권 산 덕분에 950엔 손해 보긴 했지만 큰맘 먹고 다른 책 사기를 잘한 것 같습니다. (고3 학생)

저자의 충고

　그렇다. 자신에게 맞는 수준의 참고서를 고르는 일은 정말 중요하다. 목표만 높게 설정하고, 어려운 문제집을 앞에 두고 괴로워하기만 하는 사람들을 가끔 본다. 그다지 탐탁지 않다. 자신감 상실의 원인이 될 수 있으며 시간낭비이기 때문이다.

　어떤 상황일지라도 돈과 바꿀 수 없는 귀중한 무언가가 있다는 인식을 가지기 바란다. 하지만 위 경험담의 경우, 처음에 산 참고서는 나중에 자신이 그 수준에 달했을 때 사용할 수 있기 때문에 손해를 본 것 같지는 않다. 어쨌든 현재 자신이 처한 상황을 잘못 판단해서는 절대로 안 된다. 자세한 내용은 스몰스텝법 부분을 참조하기 바란다.

작업 흥분

"신과 악마가 싸우고 있다. 그 전쟁터가 바로 인간의 마음이다."

도스토예프스키(작가)

마음의 갈등은 공부와 관련해서도 항상 일어난다. '공부해야 한다는 건 알고 있는데, 아무리 노력해도 하고자 하는 의욕이 생기지 않는다'고 느낀 적이 없는가? 실제로 의욕은 공부의 원점이라 말해도 좋을 정도로 중요한 요소이다.

IQ 테스트로 유명한 심리학자 비네는 지능의 3대 요소를 논리력(수학), 언어력(국어), 열의熱意로 정의하였다. 열의 다시 말해 의욕을 포함시키다니 정말 놀랍다.

가끔 부모나 선생이 "너는 하면 잘 할 텐데…."라며 아이를 격려한다. 하지만 '하면 잘 한다'는 '못 한다'는 말이나 다름없다. 왜냐하면 그 말 속에는 의욕이 빠져 있기 때문이다. 지능을 이루는 3대 요소 중 하나가 빠져 있음을 적나라하게 지적하는 것이다. 의욕을 이끌어내기 위해서 어떻게 해야 할까?

의욕은 뇌의 측좌핵이라는 장소에서 만들어진다. 측좌핵은 직경 1cm 이하의 정말 작은 뇌 부위로 뇌의 중심 가까이에 존재한다. 이 측좌핵은 정말 귀찮은 성질을 가지고 있다. 측좌핵을 활동시키기 위해서는 어느 정도의 자극이 필요하다. 자극이 없으면 충분한 활동을 하지 않는다.

그러므로 아무것도 안하면 의욕이 생기지 않는 것은 당연한 일이다. 자극이 없으면 측좌핵이 활동하지 않기 때문에 의욕이 생길 리가 없는 것이다. 따라서 의욕이 생기지 않을 때에는 무엇보다도 일단 책상에 앉아 공부를 시작해야 한다. 어떻게 해서든 측좌핵을 자극해야 한다. 그렇게 하면 차츰 의욕이 생기며 공부에 집중할 수 있게 된다. 시작이 반이다. 공부는 시작만 하면 50% 성공했다고도 할 수 있다.

대청소를 예로 들어 보겠다. 여러분도 마지못해 청소를 시작했겠지만, 어느 사이에 의욕이 생겨 방을 전부 정리한 경험이 있을 것이다.

이러한 현상을 독일 정신의학자 에밀 크레펠린은 '작업 흥분'이라고 불렀다. 일단 시작하면 점점 의욕이 생겨 집중력이 향상된다. 이것이 작업 흥분이다. 측좌핵이 눈을 뜨기까지는 어느 정도 시간이 필요하다. 그러므로 어쨌든 책상 앞에 앉아 공부를 시작한다. 그리고 시작했으면 10분은 중단 없이 이어간다. 이 자세가 중요하다.

26. 기억은 원래 애매한 법이다

스몰스텝법은 학습 효율을 높이는 방법이다.

순서를 밟아가면 성적이 향상된다는 사실은 컴퓨터 기억과 전혀 다른 방법이다. 컴퓨터는 설령 많은 단계의 복잡한 순서라고 해도 시행착오 없이 한 번의 기억으로 완전히 습득한다. 게다가 극도로 정확하기까지 하다. 반면 뇌는 실패를 거듭하면서 하나하나 순서를 밟아나가야 한다.

이렇게 생각해보니, 컴퓨터의 기억력이 얼마나 대단한지 부럽게까지 느껴진다. 사람의 뇌가 왜 소거법 같은 멍청한 학습 방법을 사용하는지 증오스럽게 느껴지기까지 한다. 그 때문에 시험 전에 공부한 내용을 마음대로 기억할 수 없어 고통 받는 것이다.

동물은 진화의 과정에서 왜 이런 불완전한 뇌를 만들었을까? 그 이유를 생각해 보자. 이러한 뇌의 약간 멍청한 듯한 특성에는 실은 깊은 이유가 있다.

그 이유를 찾기 위해 개의 실험으로 돌아가도록 하자. 개에게 새로운 과제를 낸다. 화면에 표시되는 도형을 바꾸는 것이다. 지금까지는 동그라미 도형을 화면에 표시했다. 동그라미 도형이 나왔을 때 단추를 누르면 먹이를 얻을 수 있다는 사실을 가르쳤던 것이다. 이제 동그라미가 아닌 삼각형을 표시해보겠다. 자, 어떤 결과가 나올까? 개는 삼각형을 처음 본다.

하지만 개는 삼각형을 보고도 망설임 없이 단추를 누른다. 언뜻 보기에는 별다를 것 없는 이 실험결과 속에 뇌의 본질에 관한 중요한 사실이 숨겨져 있다.

이 실험결과를 통해 개에게는 동그라미이건 삼각형이건 아무런 상관이 없다는 결론을 내리게 된다. 어디까지나 화면에 무언가가 표시되는 행위 자체에 반응한 것뿐이다.

이것이 바로 뇌와 컴퓨터의 가장 큰 차이점이다. 컴퓨터에서 동그라미와 삼각형은 완전히 별개의 것이다. 컴퓨터에 '화면에 동그라미 도형이 표시되면 단추를 누르시오' 라고 가르치면, 삼각형이 표시될 때 반응하지 않았을 것이다. 기억이 정확하기 때문이다.

그러고 보니 '손' 이나 '앉아' 와 같은 훈련을 받은 개는 그 훈련을 받을 때에 들었던 음색이 아니더라도, 다른 사람이 '손' 이라고 하면 훈련받은 대로 움직인다. 음색은 크게 중요하지 않은 것이다. 뇌의 기억은 컴퓨터와 비교할 때에 꽤나 엉성하고 건성이라 하겠다. 동그라미도 삼각형도 구별하지 않는다.

일반적으로 기억이란 엄밀한 것이 아니라, 오히려 꽤나 애매하고 엉성하다. 이 점이 바로 뇌 기억의 본질이다. 다음에서 이 본질의 의미에 관해 생각해보자.

사탕과 껌으로 적을 이긴다

선배가 대학입시를 볼 때에는 꼭 사탕과 껌을 가지고 가라고 가르쳐 주었습니다. 확실히는 모르겠지만, 뇌는 에너지를 상당히 많이 소비하는데, 에너지로 바꾸기에 가장 쉬운 포도당만 받아들인다고 합니다. 사탕은 화학적으로 말하면 자당으로, 포도당 분자가 두 개 붙어 있는 형태이기에, 먹으면 바로 뇌를 일하게 할 에너지를 만들어낸다는 이론입니다.

껌은 씹으면 뇌를 깨웁니다. 그것은 어금니를 악뭄으로써 뇌에 전해지는 진동이 뇌를 깨우기 때문이라고 합니다. 반면 스테이크나 튀김은 소화를 위해 혈액이 위장으로 흘러가기 때문에, 뇌에 그 에너지가 전달되는 것은 시험이 끝난 다음에나 가능하다고 합니다.

어떤 만담가의 말인지는 모르지만, 스테이크(역자 주: 일본어로 테키)나 튀김(일본어로 카쓰)은 적(테키)에게 이긴(카쓰) 뒤에 먹어야 한답니다. (고3 학생)

저자의 충고

보내준 내용의 대부분은 맞는 말이다. 하지만 껌을 시험 중에

씹어도 상관없을까? 확인해보는 것이 좋겠다. 참고로 자당은 포도당 두 개가 아니라, 엄밀히 말하면 포도당과 과당이 하나씩 결합한 것이다. 과당이 체내에서 흡수되면 바로 뇌의 영양원인 포도당으로 변화한다.

포도당

　세상에는 더할 나위 없이 단것을 좋아하는 사람들이 있다. 단 과자를 먹으면 행복해지는 사람, 배 터지게 저녁을 먹고도 케이크를 위한 간식 배를 가지고 있는 사람 등…. 여러분 주위에도 이런 사람들이 있는가?

　흔히 말하는 3대 영양소는 탄수화물, 단백질, 지방이다. 모두 몸에 반드시 필요한 중요 영양소들이다. 하지만 신경세포가 사용하는 영양소는 주로 포도당이다. 다시 말해 당분이나 탄수화물인 것이다. 뇌는 몸 안에서도 가장 중요한 조직이기에 독이 될 만한 성분이 침입하지 못하도록 엄중히 경계한다. 단백질이나 지방마저도 뇌 속으로 숨어들 수 없다. 조금이라도 위험성 있는 물질은 뇌에 침입할 수 없다. 다시 말해 뇌가 안전하다고 뽑은 영양소가 바로 포도당인 것이다.

　요지를 파악하였는가? 포도당을 보충하면 뇌의 움직임이 활발해진다. 이전에는 이 사실을 부정하는 연구자들이 있었다. 하지만 저자의 연구실에서 확인한 바에 의하면 분명 포도당이 뇌를 활성화시킨다.

　휴식 시간에 커피를 마시는 사람들이 있다. 커피는 뇌의 활동을 높여주는 마법의 기호식품으로 여겨진다. 그 속에 설탕을 넣으면 더 효과가 있다. 참고로 설탕을 먹으면 살찐다고 믿는 사람들이 있는데, 꼭 그런 것만은 아니다. 고칼로리라고 해서 꼭 살찌는 원인이 된다고 할 수는 없다. 살찌는 원인은 대개 지방 섭취 때문이다. 다이어트 중에도 적절하게 설탕을 섭취하기 바란다.

또한 시험 당일 아침에 '이기자(역자 주: 일본어로 카쓰)'는 미신에 사로잡혀 튀김(일본어로 카쓰)요리를 먹는 사람도 있다. 하지만 튀김요리는 고기, 다시 말해 단백질이기 때문에 뇌는 이 영양소를 바로 사용하지 못한다. 차라리 밥이나 빵, 감자 같은 탄수화물을 섭취하는 편이 더 좋다.

27. 실패하면 후회가 아닌 반성을 하라

뇌 기억의 본질은 애매함에 있다. 실제로 개는 실험에서 동그라미와 삼각형도 구분하지 못했다.

하지만 관점을 바꾸면, 오히려 구별할 필요가 없었기 때문에 굳이 구별하지 않았다고 해석할 수 있다. 뇌 학습은 컴퓨터와 달라 소거법이다. 다시 말해 학습 과정에서 삼각형을 제거해야 한다는 사실을 배우지 않았기 때문이다.

컴퓨터처럼 정답만 외우는 방법이라면, 처음부터 삼각형은 후보에조차 없었을 것이다. 그러므로 삼각형이 화면에 나와도 무시했을 것이다.

컴퓨터는 매우 정확하게 일을 처리한다. 실수 없이 완벽하게 정보를 처리한다. 나쁘게 말하면 고지식하다. 융통성이 없고 틀에 박힌 방식으로 일을 처리한다.

한 번 생각해 보라. 만약에 먹이를 먹지 않으면 죽을 수 있는 절체절명의 위기 순간에 컴퓨터와 같은 뇌 구조를 가지고 있다면 정말 큰일이었을 것이다. 개와 같은 기억 구조라면 먹이를 찾을 수 있겠지만, 컴퓨터와 같은 기억 방법이라면 굶어 죽고 말 것이다.

이해하였는가? 기억의 애매함은 생명 유지에 실제적인 도움을 준다. 생활환경은 매일 매 시각 변하기 때문이다.

변화하는 환경 속에서 동물이 살아남기 위해서는 과거의 기억을 근거로, 매 상황에서 임기응변으로 여러 가지 판단을 내리며 생활할 필요가 있다. 완전히 같은 상황은 두 번 다시 반복되지 않는다. 혹시라도 기억이 극도로 정확했다면, 그것은 계속 변화하는 환경 속에서 불필요하고 무의미한 지식으로 변해버렸을 것이다.

그러므로 기억에는 엄밀함보다 오히려 애매함이나 유연성이 필요하다. 적당히 애매한 기억이 중요하다. 이러한 유연성이 있기 때문에 몇 번이고 실패를 거듭해도, 그 경험을 토대로 성공할 수 있는 것이다. 이것이 우리들 뇌에 부여된 존중해야 할 특징이다.

'비슷한 것'을 기억하기 위해 '비슷하지 않은 것'을 삭제해야 하는, 정말 많은 노력이 필요한 소거법을 뇌가 사용하는 이유는 바로 그 점에 있다.

그러므로 여러분은 자신이 정확하게 사물을 기억할 수 없다고 해서 낙담할 필요가 없다. 뇌는 본래 그런 것이기 때문이다. 언제까지나 기억에는 분명히 애매한 부분이 남아 있다. "실패에는 명수名手가 있을 수 없다. 사람은 누구나 다 실패의 앞에서 범인凡人에 불과하다."라고 작가 푸시킨이 말한 것처럼, 아무리 학문을 깊이 해도 실패를 결코 없앨 수는 없다. 20년 동안 뇌과학을 전문적으로 공부한 저자 역시 매일이 실패의 연속이다.

실패는 부끄러운 일이 아니다. 실패를 지나치게 두려워할 필요는 없다. 실패하고 후회할 것이 아니라, 실패하고 반성하는 마음가짐이 중요하다.

"실수를 하는 것은 인간의 일이다." 볼테르(작가)

기억이 애매해지거나, 때때로 사라져버리는 것은 뇌의 성질상 어느 정도 어쩔 수 없다. 바꿀 수 없는 일이라고 체념하기 바란다. 컴퓨터처럼 극도로 정확한 뇌는 더 이상 뇌로서 쓸모가 없다. '무엇이든 정확하게 기억하고, 영원히 잊어버리지 않는 뇌가 우수한 뇌' 라는 생각은 망상이며 착각에 불과하다. 인간이란 본래 잊어버리도록, 다른 행동을 하도록 만들어졌다. 그 결점을 보완하기 위해 인간은 컴퓨터를 개발한 것이다.

"인간의 장점은 결점이 있다는 사실이다." 유대 격언

초두노력, 종말노력

여러분은 얼마나 집중할 수 있는가? 30~60분 정도라는 사람이 대부분일 것이다. 수업시간이나 시험시간이 그 인내 시간보다 길어지면, 집중력은 도중에 끊어지게 된다.

일반적으로 어떤 작업을 수행할 때에, 처음과 끝에 특히 집중력이 높아진다고 알려져 있다. 이 현상을 각각 '초두初頭노력', '종말終末노력' 이라고 부른다. 다시 말해 시험 시작 직후에는 문제를 푸는 행위에 집중하게 되고, 또한 시험 종료 직전에도 동일하게 일처리 효율이 상승한다. 하지만 그 사이 시간은 집중력이 끊어지기 쉬우므로, 깜빡 하면 시간을 낭비하기 십상이다. 긴장이 풀린 것이다. 이래서는 성적 상승을 바라기 힘들다.

긴장이 풀리지 않기 위한 비책 중 하나는 시험시간을 전반과 후반으로 나눠 사용하는 것이다. 예를 들어 시험시간이 60분이면, 시험이 전반 30분과 후반 30분으로 나눠 진행된다고 생각하기 바란다. 그렇게 하면 초두노력과 종말노력이 시험 전·후반에 각각 두 번씩 나타난다. 평소라면 집중력이 끊어지고 마는, 시작 30분이 경과한 시점에도 종말노력이 일어나 집중력이 향상된다. 또 후반을 시작한 지 얼마 안 되는, 30분이 경과한 시점도 초두노력에 의해 집중력이 향상된다. 이처럼 시험시간을 스스로 분할하면 집중력을 효과적으로 분배할 수 있다.

"시간은 사용 여하에 따라 금도 되고 납도 된다." 프레보(작가)

28. 장기적인 계획을 세우고 공부하라

뇌는 애매하고 엉성하다는 설명을 하였다. 그러면 개는 화면에 나타난 동그라미와 삼각형을 영원히 구별하지 못할까?

물론, 그렇지 않다. 제대로 구별할 수 있다. 자, 어떻게 하면 될까?

답은 간단하다. 동그라미가 표시될 때만 먹이를 주도록 하면 된다.

물론 처음에는 삼각형이 표시될 때에도 개는 단추를 누를 것이다. 과제가 바뀌었다는 사실을 이해하지 못하기 때문에 당연하다. 하지만 이 실패를 몇 번 되풀이하다보면, 삼각형에서는 먹이를 얻을 수 없다는 사실을 이해하게 된다. 그러면 삼각형은 무시하고 동그라미가 표시될 때에만 반응한다. 다시 말해 동그라미와 삼각형의 구별이 가능해지는 것이다.

이와 비슷한 훈련을 반복하면, 동그라미와 사각형 또는 동그라미와 오각형의 구별도 가능해진다. 이것 역시 스몰스텝법이다. 최종적으로는 동그라미와 미묘하게 다른 타원의 차이마저 구별이 가능해진다. 하지만 처음부터 도형을 구별하지 못하는 개에게 갑자기 원과 타원을 구별하는 훈련을 시킨다 해도, 그 차이는 계속 구별하지 못할 것이다.

이 사실 역시 중요하다. 요컨대 차이가 큰 것을 구별할 수 있게 된 다음이 아니면, 작은 차이를 구별할 수 없다는 것이다. "공부는 도로와 같다. 가장 가까운 지름길은 대부분 가장 나쁜 길이다."라고 철학자 베이컨은 말했다. 시간낭비처럼 보일 수 있지만, 동그라미와 타원형의 차이를 학습시키기 위해, 먼저 동그라미와 삼각형의 구별을 가르치는 것이 결과적으로 더 빨리 학습시킬 수 있다. 뇌는 애매한 기억 방법을 사용하기 때문에 이러한 단계적 학습을 밟아 가는 것이 필요하다. 세세한 사물의 차이를 알게 하기 위해서는 먼저 한 번 문제를 크게 파악하고 이해하는 과정이 필수적이다.

이 점을 공부에도 응용할 수 있다. 무언가를 배우려 하면 먼저 전체적인 모습을 제대로 이해해 둘 필요가 있다. 처음에는 세부적인 부분을 신경 쓰지 않아도 되며, 전체적으로 대충 파악할 필요가 있다. 세세한 부분은 나중에 조금씩 익혀도 상관없다. 결국 기억은 애초에 애매해, 처음에는 비슷한 것들의 구별이 불가능하기 때문이다.

예를 들면 서양 회화에 관심 없는 사람은 어떤 유화를 봐도 비슷한 그림으로 생각할 것이다. 르네상스 회화나 인상파 회화라는 말을 들어도, 하나도 이해하지 못할 것이다. 하지만 관심을 가지고 회화를 들여다보기 시작하면, 점점 눈에 익어 르네상스 회화와 인상파 회화를 구별할 수 있게 될 것이다. 나아가 깊이 연구하면 할수록 모네, 르누아르, 고흐 같은 인상파화가 각자의 차이까지 구별이 가능해질 것이다.

야구 관전 역시 그러하다. 몇 번 TV 중계를 보고 차츰 눈에 익으면, 투수가 던진 공이 직구인지 슬라이더인지 구분할 수 있게 된다. 야구를 본 적이 없는 사람이 갑자기 직구와 슬라이더를 구분하려고 하면 그것이 불가능할 것이다.

어떤 경우든 그 사람이 특별히 뛰어난 뇌를 가지고 있기 때문에 회화나 야구의 세세한 부분까지 구별할 수 있었던 것은 아니

다. 그에 걸맞은 노력과 훈련이 있었기 때문에 가능하였다. 이러한 세세한 구별은 큰 것부터 작은 것으로 순서에 따라 훈련을 거듭하면, 누구라도 할 수 있는 일이다.

공부 역시 마찬가지이다. 예를 들어 국사를 공부한다고 생각해 보자. 어떤 특정한 시대의 세부적인 사항을 갑자기 이해하려고 해서는 안 된다. 처음 배우면서 갑자기 세세한 부분을 이해할 수는 없다. 원칙을 어긴 채 갑자기 고려시대의 세부적인 사항을 공부해도, 그것은 어차피 얕은 이해의 지식일 뿐이다(역자 주). 전체에서 떨어져 나온 파편적인 정보는 전혀 쓸모가 없다. 불필요한 지식은 뇌 안에서 금방 사라질 뿐이다.

이런 일을 피하기 위해서는, 먼저 석기시대부터 현대에 이르기까지 전체적인 모습을 내다보고, 큰 역사의 흐름을 파악해야 한다. 그 뒤에 각 시대의 내용을 조금씩 깊이 있게 익혀나가야 한다. 세세한 부분은 나중에 공부해도 상관없다.

이런 공부법은 결코 시간낭비가 아니다. 뇌의 성질에 부합하는, 매우 효과적인 방법이다. "큰 시야를 가진 사람에게 작은 실패는 전혀 위협으로 느껴지지 않는다."라고 19세기 영국 지도자 디즈레일리는 말했다.

혹시 여러분이 뜻있는 기억을 가능한 한 오랜 기간 동안 뇌에 담아두고 싶다면, 눈앞의 정기적인 시험에만 눈을 빼앗기지 마라. 장기적인 시각에서 자신에게 맞는 공부 계획을 세우고 공부하기를 바란다.

배경음악

음악을 들으면서 공부하는 사람을 본 적이 있는가? 소위 '이어폰을 귀에 달고 사는 사람들'에 대한 일반적인 시선은 곱지 않다. 하지만 반드시 나쁜 것만은 아니다. 먼저 배경음악의 효과를 제대로 이해하는 것이 중요하다.

방음벽에 둘러싸여 아무 소리도 없는 공간에 놓이면, 동물은 보통 집중력을 잃고 학습 능력이 즉시 저하된다. 들릴 듯 말 듯 한 정도의 작은 음(소음이나 배경음악 등)이 없으면 사람을 포함한 동물들은 능력을 충분히 발휘하지 못한다. 너무 조용한 도서관에 가면 안절부절 못하는 사람들이 있는데, 그것 또한 무음無音효과에 의한 결과라고 할 수 있겠다.

그렇다고 배경음악을 남발해서는 안 된다. 분명히 배경음악은 정신적 긴장감을 완화하고, 무료함을 줄여주며, 피로감을 덜어주는 효과가 있다. 특히 단순작업을 할 때에는 배경음악이 집중력을 높이는 효과를 발휘한다. 하지만 어려운 문제를 풀거나, 고도의 판단력을 요하는 작업을 할 때에는 저해요소가 될 수 있다.

배경음악 효과의 정도는 사람에 따라 차이가 있다. 일반적으로 음악을 좋아하는 사람이면 좋은 효과를 기대할 수 있다. 하지만 음악 마니아에게는 역효과를 불러일으키며, 무관심한 사람에게는 거의 영향을 미치지 못한다. 그러므로 일단은 암기와 같은 단조로운 작업을 할 때 배경음악을 틀어보고 자신에게 어떤 효과가 있는지 확인해 보길 바란다.

혹시 배경음악 효과에 의해 공부가 더 잘 되는 경험을 했다면, 비슷한 학습을 할 때에는 같은 곡을 사용하는 것이 더욱 도움이 될 것이다. 이것이 조건반사로 작용하여, 시험 도중에 학습 내용을 떠올리게 해주는 실마리 역할을 할 수 있다. 배경음악은 사용하기 나름이다.

29. 먼저 잘하는 과목을 더 공부하라

개의 학습 실험을 통해, 뇌 성질의 여러 가지 측면을 생각해 보았다. 사람 뇌의 본질이 동물 뇌에 숨겨져 있다는 사실을 실감하였는가?

마지막으로, 개 실험 이야기를 조금 더 이어가고자 한다. 왜냐하면 동그라미와 타원의 구별이 가능해진 개를 더 관찰하면, 더 재미있는 것을 발견할 수 있기 때문이다.

동그라미와 타원의 구별이 가능해진 뒤에는 정사각형과 직사각형의 구별도 빨리 익히게 된다. 다시 말해 어떤 도형의 세세한 부분에 대해 알면, 다른 도형의 세세한 부분까지 구별이 가능해진다는 말이다. 이것도 뇌의 중요한 특성 중 하나다.

마찬가지로 야구를 잘하는 사람은 소프트볼도 빨리 익힌다. 또 영어를 터득한 사람은 프랑스어를 손쉽게 습득하기도 한다. 어떤 분야의 이해 방법을 터득하면 다른 분야의 이해 방법에 도움이 된다. 공부도 마찬가지이다. 어떤 문제의 해법을 익히면 비슷한 유형의 다른 문제도 과목의 틀을 넘어 응용이 가능해진다.

간단히 말하면, 사물에 대한 응용력을 지니게 된 것이다. 이것 역시 뇌가 소거법을 사용하기 때문에 가능해진 일이다. 필요 없는 것을 삭제해가는 방법은 사물의 본질을 남기는 훌륭한 전략이다. 그러므로 공통의 본질을 지니고 있는 것은 지식의 응용이 가능한 것이다. 이러한 고도의 적응력은 컴퓨터에는 너무나 어려운 일이다.

이런 현상에서도 뇌는 어떤 사물을 기억할 때에 대상 자체를 기억할 뿐 아니라, 동시에 대상을 향한 이해 방법도 같이 기억한다는 사실을 알 수 있다. 그리고 그 이해 방법을 응용하여 다른 사물들 사이에 존재하는 법칙성이나 공통점을 찾아낸다. 다른 대상을 좀 더 빠르게, 좀 더 깊이 있게 이해할 수 있도록 도와주는 것이다.[22]

이 점은 학습에서도 중요한 핵심이다. 한 가지를 습득하면 다른 것을 학습하는 기반 능력을 몸에 익히게 된다니, 이 얼마나 멋지고 편리한 일인가! 이 현상을 '학습전이轉移'라고 부른다.

중요한 것은, 전이 효과는 학습 수준이 높으면 높을수록 더 크게 작용한다는 점이다. 다시 말해 많은 것을 기억하고 사용하는 뇌일수록, 더 다양한 측면에서 사용 가능한 뇌로 변한다는 사실이다. 사용하면 사용할수록 고장 나기 쉬운 컴퓨터와 달리, 뇌는 사용하면 사용할수록 성능이 향상되는 신기한 학습 장치인 것이다.

공부로 말하자면, 어떤 과목의 어느 부분을 충분히 이해하면 다른 부분도 이해하기 쉽게 변한다는 것이다. 물론 기억도 정확해진다. 앞서 국사를 예를 들었는데, 전체 역사를 제대로 파악한 뒤 먼저 신석기 시대를 제대로 이해했다고 하자. 그러면 고려시대의 이해도 다소 쉬워질 것이다. 갑자기 고려시대를 이해하려고 할 때보다 소요 시간이 단축되는 효과를 볼 수 있다(역자 주). 이렇게 다른 시대도 하나씩 정복해나가면, 최종적으로 국사 전체를 터득할 수 있게 된다.

국사를 충분히 이해했다면, 이번엔 세계사 습득도 용이할 것이다. 그리고 그 효과는 사회뿐 아니라 국어, 영어, 수학으로 번져갈 것이다.

한 과목도 잘하지 못하는 사람의 입장에서는 모든 과목에서 우수한 성적을 받는, 학업이 뛰어난 사람은 천재로 보일 수 있다. 하지만 그것은 여러 과목의 학습 능력이 전이된 결과이다. 태어날 때부터 머리가 좋은 사람이었던 것은 결코 아니다. 능력은 유전만으로 정해지지 않는다.

반대로 여러분도 어느 한 과목을 숙달하기만 하면, 비교적 쉽게 다른 과목의 성적을 높일 수 있다. 모든 과목을 균일하게 공부하여 평균적인 성적 향상을 바라는 방법보다, 한 과목을 집중적으로 공부해 숙달하는 것이 장기적 관점에서 보면 더 좋은 방법인 것이다.

시험이 내일로 다가오면, 낙제를 피하기 위해 모든 과목에 힘을 쏟기 쉽다. 시험 전날이라면 어쩔 수 없다. 하지만 평소 공부는

한 과목에 가능한 한 많은 시간을 할애하여 그 과목을 제대로 습득
할 수 있게 힘쓰길 바란다.

"모든 것을 얻으려고 하면 모든 것을 잃는다." 야마나 소젠 (무장武將)

　일단은 무엇이든 상관없으니 자신 있는 과목을 하나 만들기 바
란다. 누구에게도 지지 않을 자신 있는 과목을 만들고 난 뒤, 다른
과목을 잘하기 위해 노력하는 것이 뇌과학적 측면에서는 훨씬 더
효과적이다.

교과별 마무리 순서

입시까지 공부 계획으로 현대문학→고전문학→수학→영어→ 과학·사회 순서로 마무리하라고 선배가 가르쳐 주었습니다.

선배의 말에 의하면, 현대문학과 고전은 가능한 한 빨리 시작 해 고2가 끝나갈 무렵까지는 일단 입시 수준까지 끌어올리라고 합 니다. 영어는 시간이 걸리니까 고1 때부터 입시 직전까지 계속 풀 어야만 하고요.

하지만 수학은 중간 수준 정도로 괜찮다면 전형적인 문제를 사 용한 해법 견본을 반복 암기하면 되지만, 어려운 대학 융합 문제 나 본 적도 없는 비非전형적 문제가 나오면 중간 수준으로는 도저 히 대처할 수 없다고 합니다. 수학은 중간 수준보다 약간 어려운 문제까지 풀고, 그 이상의 수준은 과감히 버린 채 다른 과목에서 점수를 벌라고 했습니다. 도쿄대 문과에는 수학 0점 합격자도 매 년 나오고 있을 정도니까요.

반대로 수학에서 점수를 조금이라도 벌어야 한다면, 철저하게 공부할 필요가 있다고 합니다. 주말이나 장기 휴일 기간을 이용하 여, 안이하게 정답을 기억하는 정도가 아니라, '이렇게 풀어도 안 되는군, 저렇게 풀어도 안 되네' 이런 식으로 충분히 시행착오를 겪으며 악전고투해야 1점이라도 더 얻게 된다고 합니다.

과학·사회는 일단 지망 학교의 출제 경향이나 수준을 조사해 학습 범위를 좁혀간다고 합니다. 그 뒤에 인과관계나 전체적 체계, 흐름을 잡고 요점을 정리해 가라고 합니다. 마지막 3개월은 모든 과목을 총 복습하면서 시험장으로 향하라고 합니다. (고2 학생)

저자의 충고

상담자는 문과인가? 그렇다면 일단 잘하는 과목일 현대문학, 고전문학, 영어를 빨리 끝내서 입시 수준까지 올린다는 작전은 좋아 보인다. 중요 과목을 이른 단계에서 확보해 두는 것은 중요하다. 학습전이 효과가 생겨 다른 과목 습득에 좋은 영향을 미칠 뿐 아니라 정신적으로도 안정감을 갖게 한다. 입시 직전까지 어느 과목도 마무리 짓지 못했다면, 초조한 마음에 공부 자체에 열중할 수 없는 악순환에 빠지고 말 것이다.

하지만 공부할 과목의 순서를 너무 명확하게 정하는 것은 생각해 볼 문제이다. 그 이유는 한 번 입시 수준까지 끌어올린 과목이라도 그 수준을 유지하기 위한 노력이 필요하기 때문이다. 또 다른 과목들도 뇌의 무의식 단계에서 서로 관련돼 상호 이해를 돕기 때문에, 각 과목을 완전히 따로따로 학습하는 것이 꼭 좋다고는 할 수 없다.

과학·사회처럼 암기할 내용이 많은 과목을 시험 직전까지 남겨 두는 것은 생각해 볼만한 문제이다. 암기할 내용은 시험 직전에 공부하는 편이 분명히 효과적이기는 하다. 하지만 그 양이 너무 많으면 역효과를 부를 수 있다. 기억간섭이 생기기 때문이다. 강제로 암기하면 지식의 혼란을 야기하며, 충분히 외우지 못해 실패할 가능성이 크다. 이런 점을 고려해 장기적인 학습 계획을 세우기를 바란다.

제6부
천재를 만드는 기억의 구조

30. 기억의 방법을 바꾸자

이 부部는 기억의 종류와 성질에 대해 설명하겠다. 기억의 여러 가지 성질을 통해 뇌 사용법을 배우도록 하자. 이 책을 통해 저자가 가장 강조하고 싶었던 내용이 이 부에서 전개된다. 뇌에 숨겨져 있는 기억력을 사용하기 위한 비결이라고 하겠다.

먼저 여러분이 기억에 관해 어떤 인상을 가지고 있는지 실험을 통해 확인하고자 한다. 실험을 위해 자신의 과거 기억을 떠올려보자. 무엇이든 상관없으니 구체적으로 떠올려보라. 자, 어떤 기억을 떠올렸는가?

등굣길에 넘어져 다친 기억.

학교 시험에서 좋은 점수를 받은 기억.

친구와의 약속을 어긴 기억.

애인에게 차인 기억.

여러 기억들이 떠올랐을 것이다. 더 생각하면 차례로 더 많은 기억을 떠올릴 수 있다. 마치 자신의 기억에 끝이 없는 것처럼 말이다.

물론 떠오른 기억의 내용은 제각각일 것이다. 하지만 사람에 따라 각양각색의 기억이 존재한다 해도, 지금 떠오른 기억들은 중요한 공통점을 가지고 있다. 무엇인지 알겠는가?

그것은 모두 자신이 경험한 일이나 체험한 것에 관한 기억이라는 점이다.

'뭐야, 당연한 이야기를 하고 있네'라고 생각하는 사람이 있을 수 있다. 하지만 이 점은 정말 놀라운 사실이다. 왜냐하면 여러분의 뇌에는 다른 종류의 기억이 많이 내재되어 있기 때문이다.

예를 들면 삼각형의 면적을 구하는 공식, 영단어, 원주율, 집에서 학교까지 가는 길, 배우나 가수의 이름 등 여러 가지 기억이 가득 내재되어 있다. 소위 지식이나 정보라는 부류의 기억들이다. 이것들 역시 여러분이 과거에 쌓은 훌륭한 기억들이다.

하지만 방금 전처럼, '무엇이든 상관없으니' 떠올려보라는 저자의 요구에 이러한 지식을 떠올린 사람은 없을 것이다. '원주율은 3.14이다' 등을 떠올린 사람은 없을 것이다. 그것 역시 같은 과거 기억임에도 불구하고 말이다.

다시 말해 우리가 말하는 기억은 한 종류가 아닌 것이다. 간단히 말하면 '자유롭게 떠올릴 수 있는 기억'과 '자유롭게 떠올릴 수 없는 기억'이 있다.

자, 여기서 용어를 다시 정리하고자 한다. 자유롭게 떠올릴 수 있는 기억, 다시 말해 자신의 과거 경험과 관련된 기억을 이 책에서는 '경험기억'이라고 부르겠다. 반면 무언가 계기가 없으면 떠올리기 힘든 지식이나 정보와 같은 기억을 '지식기억'이라 부르며 구별하겠다.

여러분은 분명 무엇인가를 까맣게 잊어버린 적이 있을 것이다. "음~ 뭐였지? 생각이 날듯 말듯 하네….'' 이런 경우는 거의 대부분 사람이나 물건의 이름에 관련된 것이다. 이것은 지식기억이다. 조금 전 실험을 통해 알 수 있었던 것처럼 지식기억은 자유자재로 떠올릴 수 없다. 생각해내기 위해서는 계기가 필요하다. 계기가 부족하면 떠올리지 못한다. 까맣게 잊어버리는 현상은 치매의 시작이 아니다. 단순히 지식기억이기 때문에 떠올리지 못하는 것뿐이다.

아쉽게도 학교시험을 위해 외워야 하는 기억은 거의 대부분 지식기억이다. 한자의 독음, 연호나 영단어, 유명인의 이름 등 이 모든 것은 지식기억이다. 지식기억은 계기가 충분하지 못하면 기억해낼 수 없다. 그러므로 시험 중에 당황하게 되는 것이다.

자, 지금까지의 이야기를 통해 시험공부를 어떻게 하면 좋을지 알게 되었을 것이다. 그렇다. 시험공부의 내용을 지식기억이 아닌 경험기억으로 외우면 좋다.

경험기억의 장점은 자유자재로 떠올릴 수 있다는 것뿐이 아니다. 자신과 관련된 일화는 쉽게 외운다는 점에서 알 수 있듯이 외우는 것 자체가 쉽다. 그리고 무엇보다 좋은 점은 잊어버리기 어렵다는 사실이다. 지식은 금방 떠올리기 힘들지만, 경험한 일은 두고두고 비교적 오래 기억한다. 지식기억에 비해 경험기억이 훨씬 많은 장점을 가지고 있다.

사랑에 빠진 뇌

"사랑하는 사람이 생기자마자 학교성적이 떨어진 친구가 있는데, 그것은 연애를 하기 때문인가요? 아니면 단순하게 본인의 노력이 부족하기 때문인가요?"

성적과 사랑의 관계는 가장 많이 받는 질문들 중 하나이다. 하지만 여러분은 왜 사랑이라는 감정이 애초에 뇌에 내재되어 있는지 생각해본 적이 있는가?

사랑이란 특정한 이성에게 마음이 끌리는 감정이다. 사랑을 하면 다른 많은 이성의 존재는 눈에 들어오지 않게 된다. 그것은 자신이 우수하다고 여기는 사람의 유전자를 남기고자 하는 의지의 표현이라고 해석하지만, 다른 시각에서의 해석도 가능하다.

세계에는 현재 35억 명 이상의 이성이 존재한다. 그 모든 이성을 만나는 것은 불가능하기 때문에, 세계에서 내게 가장 어울리는 단 한 사람의 인간을 고르는 것은 불가능하다. 다시 말해, 사람은 모두 어느 정도 납득할 만한 상대를 찾아 그 상대로 만족해야 하는 운명에 처한 것이다. 자신과 더 잘 어울릴 만한 사람이 이 세상 어딘가에 있을지 모르지만, 근처에 있는 사람으로 만족해야 하는 것이다.

이 불합리한 상황을 멋지게 해결해 주는 것이 연애감정이다. '나는 이 사람 이외에 다른 사람은 생각할 수 없어' '이 사람이야 말로 나의 모든 것이야' 라고 뇌가 착각을 불러일으킴으로써 만족 감을 얻는 것이다. 실제로 연애감정이 식으면 "왜 내가 이런 사람 을 좋아했을까." 하고 자신의 어리석음을 탓하는 사람도 있다.

연애감정은 A10과 전두엽의 연계에 의해 생겨나는 것 같다.[23) 이 연계가 일어나면 뇌가 연애 상대방에게 점령당하고 만다. 좋아 하는 사람 이외의 것 은 뇌에서 배제되고 마는 것이다. 당연히 학교공부도 마찬가지 로 배제된다.

독일 시인 로가우 는 "사랑에 빠지면 지 혜가 사라진다."라고 읊었다. 연애란 그 상 대 이외의 것을 생각 지 않아도 되도록 뇌 가 꾸미는 대단한 속 임수인 것이다. 그러므로 연애 때문에 성적이 떨어졌다면, 뇌과학적 측면에서는 이상한 일이 아닌 것이다.

물론 사랑하는 사람과 같은 대학에 들어가기 위해 서로 격려하며 열심히 공부해, 처음에는 불가능해 보이던 명문대학에 멋지게 합격한 훈훈한 이야기도 드물지만 실제로 존재한다. 그러므로 모든 경우에서 사랑이 공부에 악영향을 끼친다고 단언할 수는 없다.

31. 상상이 중요하다

같은 참고서를 몇 번이나 반복 사용한 사람은 시험 도중에 '앗, 이 내용은 몇 장 몇 쪽에 그림으로 설명된 내용이구나'와 같은 방식으로 내용을 떠올린다고 한다. 여러분도 그런 경험을 해본 적이 있는가? 때로는 참고서와 전혀 상관없는 일을 계기로, 예를 들면 공부하던 중에 먹던 과자 봉지 그림이 떠올라 '맞아. 그때 그 과자 먹으면서 외운 것이구나' 하며 떠올리는 사람도 있다.

이러한 기억 방법은 그저 우연에 의한 것으로 보이지만, 실은 경험기억을 이용한 현명한 방법이다. 다시 말해 단순한 지식기억도 개인적인 감정이나 주위 환경과 연관시켜 외우면 경험기억에 가까워진다는 말이다.

이처럼 외우고 싶은 내용을 다른 내용과 연결 짓는 행위를 '연합'이라고 부른다. 한 가지 지식을 '집'에 비유하고자 한다. 집과 집 사이에 도로를 만들어 연결하는 행위를 상상해 보라. 그렇게 되면 지식의 '마을'이 생기게 된다.

이렇게 연합에 의해 사물을 차례로 연결 지어 지식을 보다 더 풍부한 내용으로 변화시키는 일을 '정치화精緻化'라고 부른다. 정치화라는 단어는 다소 어렵게 들릴 수 있지만, 요점은 정밀한 도로를 통해 집에서 마을로, 마을에서 도시로 이어나가는 작업을 뜻한다. 지식의 도시화 계획이라고 생각해도 좋을 것이다.

여기서 한 가지 중요한 것을 발견하게 된다. 정치화에 의해 사물을 연합하면 그만큼 떠올리기가 쉽다는 것이다.

왜냐하면 '떠올리다'라는 행위는 '지식의 도시'에 사는 주민이 친구가 사는 집(떠올리고자 하는 지식)을 방문하러 가는 행위와 비슷하기 때문이다. 도로가 발달하면 할수록 목적지로 향하는 길이 늘어난다. 다시 말해 기억을 떠올리기 쉽게 변하는 것이다.

지식기억과 경험기억의 차이가 바로 여기에 있다. 마치 시골 마을과 대도시처럼 다르다. 인구가 얼마 없는 지역이라 도로가 발달해 있지 않은, 혹은 도로가 있어도 비포장도로만 있는 곳이라면 목적지까지 가는 데에는 힘이 들 것이다. 이것이 지식기억을 떠올리기 힘들게 하는 원인들 중 하나다.

경험기억은 많은 기억의 조합(면밀한 도로망)으로 만들어져 있다. 예를 들면 '오늘 아침에 계란 프라이를 먹었다'는 단순한 경험기억마저도 계란 프라이의 맛, 냄새, 색, 당시 식탁 위에 있던 물건들, 앉아 있던 의자의 감각, 식탁에 둘러앉은 가족과 나눈 이야기 내용 등 수많은 요소가 포함되어 하나의 기억을 이룬다. 마치 정보의 대도시와 같다. 그러니 쉽게 떠올리는 것은 당연하다.

이러한 경험기억의 이점을 공부에 이용하지 않을 수 없다.

당연히 하나를 기억할 때에도 가능한 한 많은 것들을 연합시키는 쪽이 더 좋다. 연합시키면 시킬수록 떠올리기 더 쉽게 변한다. 우연한 계기를 통해 떠올리게 된다 해도 생각날 확률이 높다는 사실은 변하지 않는다.

영단어를 외울 때에도 단어를 통째로 외우는 것이 아니라, 예문·용법을 함께 외우는 것이 훨씬 더 유용한 방법일 것이다. 가능하다면 어원語源을 함께 외우는 것은 어떠한가? 가급적 정치화를 의식하기 바란다.

말장난 역시 기억 정치화에 자주 사용된다. 말장난은 말장난일 뿐이라고 단정 짓는 사람도 있지만, 결코 그렇지 않다. 뇌과학적 측면에서는 효율성이 높은, 다시 말해 뇌에 부담을 줄이는 암기법이다. 그러므로 주눅 들지 말고 당당하게 말장난을 사용하여 암기하기 바란다. 사람의 눈을 의식하며 창피해서 말장난을 이용하지 않는다면, 보다 더 편하게 암기할 수 있는 기회를 놓치고 마는 셈이다.

말장난으로 외울 때에는 단어의 음성 리듬이나 법칙만으로 외울 것이 아니라 의미를 제대로 상상해야 한다. 예를 들면 임진왜란의 발발 연대(1592년)와 관련, "일(1)본 침략자들아, 오(5)너라. 구(9)두(2)발로 찰 테다!" 같은 말장난도 일본 침략자에게 복수하는 자신의 모습을 머릿속에 그리며 외우는 것이다(역자 주). 그렇게 하면 기억은 더욱 더 정치화로 보강된다.

"상상은 지식보다 중요하다." 아인슈타인(과학자)

상상이라는 행위는 해마를 강렬하게 자극한다.[24] 다시 말해 상상은 정치화와 해마의 활성화라는 두 가지 이점을 가지고 있다. 상상하면 상상한 만큼 훨씬 더 기억에 쉽게 남는다.

훨씬 더 쉽게 상상력을 발휘하기 위해서는 역시 말장난을 스스로 만드는 것이 가장 좋다. 자신이 스스로 만들면 그 자체로 경험기억에 남고, 말장난이 의미하는 상황도 자연스럽게 상상하게 된다.

물론 말장난을 사용하지 않는 기억 역시 연합의 중요성이 동일하게 적용된다. 하지만 그 경우에는 단순히 지식이나 정보만의 연합에 힘쓰는 것보다, 그곳에 가능한 한 여러분 자신의 상상력을 발휘하여 지식을 더 풍부하게 만든 후 연합한다면 경험기억에 더 가까워질 것이다.

그러면 경험기억을 만드는 방법을 더 자세히 알아보자.

어른은 학교에서 배운 내용을 거의 다 잊어버린다

아버지께 간단한 복소수 문제를 여쭤보려고 했는데 하나도 모르고 계셨습니다. 어머니께 이차방정식 풀이를 여쭤보았으나 식염수를 이용한 응용문제를 풀지 못하셨습니다. 뿐만 아니라 "덧셈·뺄셈만 할 줄 알면 돼. 나눗셈은 학교를 졸업한 후로 해본 적도 없어."라며 정색하시는 것이었습니다.

문부과학성(역자 주: 한국의 교육과학부)은 수학을 싫어하는 사람들에게 수학을 이수 과목에서도 제외하는 것이 낫지 않나요? 실제로 저희 부모님 정도의 수학 지식을 가진 어른이 반수 이상이라 생각합니다. 선생님께 여쭈어보니 수학 지식 그대로를 기억하는 것보다, 그것을 배움으로서 논리적 사고력을 키워주기 때문에 정규과정에 포함되어 있다고 답하셨습니다.

그러고 보니 형이 사용하던 공무원시험 문제집에 추리推理문제가 있었습니다. 수학문제는 전부 기본적인 문제들뿐이었습니다만, 이 추리문제는 쉽게 풀 수 없었습니다. 이럴 바에는 수학 따위는 집어치우고 추리문제를 학교에서 배우면 어떨까요? 수학을 싫어하는 사람이라도 논리적 사고력 정도는 다른 과목으로 충분히 익힐 수 있을 것 같은데…. (고2 학생)

저자의 충고

한 번 상상해 보라. 실제로 추리문제를 학교에서 강제적으로 배우면 금방 실증날 것이다. 예를 들어 학생이라면 누구나 좋아하는 컴퓨터게임도 학교수업에 포함시켜 매주 시험을 본다면, 아마 도중에 그만두고 싶어질 것이다. 어떤 내용이라도 마찬가지일 것이다. 다시 말해 수학 그 자체에 문제가 있는 것이 아니라, '무언가를 강제로 배운다'는 의식이 문제인 것이다.

더 현실적으로 말하면 추리문제만 연습해 논리적인 사고력을 배양하는 것보다, 2,000년 이상의 역사 속에서 완성된 수학이라는 아름다운 체계를 통해 능력을 배양하는 것이 장기적으로 보면 압도적으로 효율이 좋을 것이다. 복소수나 식염수 문제 풀이방법을 잊어버렸더라도 그럴 것이다.

나이가 들어감에 따라 이 사실을 깨닫게 될 것이다. 아직 납득하지 못한 사람은 속는 셈 치고 계속 배우기 바란다. 결코 손해 보지는 않을 것이다.

"우리가 인생이 무엇인지 깨닫기 전에 인생은 반 이상 흘러가 버린다."

윌리엄 어니스트 헨리(시인)

32. 기억한 것은 다른 사람에게 설명하라

가장 간단하게 경험기억을 만드는 방법은 바로 기억하고자 하는 내용을 친구나 가족에게 설명하는 것이다. 일단 외운 기억을 출력하면 수많은 단서가 될 만한 말들과 결합하여 정치화精緻化한다.[25]

그렇게 하면 '그때 설명했었지' '이런 그림을 그리면서 친구에게 가르쳐 주었었어' 라는 모습으로 경험기억이 자리 잡게 된다. 그것이 계기가 되어 다음에는 보다 더 간단하게 떠올릴 수 있게 된다.

TV나 잡지에서 본 내용을 바로 다른 사람에게 말하고 싶어 하는 사람이 있다. 때로는 아는 체 하며 잘난 척 하는 사람도 있다. 주변 사람들은 귀찮을 수 있지만, 실은 그렇게 몇 번이나 다른 사람들에게 말하는 사이에 본인은 그 지식을 확실히 자신의 것으로 만들게 된다. 일반상식을 많이 아는 사람은 거의 예외 없이 수다쟁이이다. 다른 사람에게 내용을 전달함으로써 많은 일반상식을 익히는 것이다.

물론 일반상식뿐 아니라 공부를 통해 얻은 내용도 자꾸자꾸 친구나 부모님께 설명해보라. 그렇게 하면 배운 지 얼마 지나지 않은 지식도 점점 뇌에 스며들게 될 것이다. 제2부에서 설명한 것처럼 뇌는 입력보다 출력을 중요시하기 때문이다. 설명은 최상의 출력 전략이다.

설명의 장점은 이것뿐이 아니다. 자신이 제대로 이해하고 있는지 아닌지를 확인할 수 있는 기회이기도 하다. 자신이 제대로 이해하고 있지 않다면, 다른 사람에게 설명할 수 없을 것이다. 다른 사람에게 설명해보면 자신이 정말로 이해하고 있는지, 어디까지 제대로 이해하고 있으며, 어디부터 제대로 이해하지 못하는지를 확인할 수 있다.

내용을 모르는 사람을 설명할 상대로 정하는 것이 더 효과적이다. 할아버지, 할머니, 남동생, 여동생, 후배. 생각해보면 설명할 대상은 주위에 많다. 혹시 타인에게 설명하는 것이 부끄럽다면 인형에게 설명하는 것도 한 가지 방법일 수 있다.

경험기억법이 만능처럼 보이지만 아쉽게도 결점이 있다. 그것은 경험기억은 차츰 지식기억으로 대체된다는 점이다. 그대로 내버려두면 겨우 자리 잡은 경험기억도 차츰차츰 줄어들어 결국은 지식기억으로 변해버린다. 아무리 큰 대도시라 할지라도 계속 도로를 사용하지 않으면 서서히 쇠퇴해 결국 시골처럼 변할 것이다. 도시에 인구가 점점 줄어든다면 결국 폐허로 변할 것이다.

잘 생각해보면 모든 지식은 처음에는 어떤 경험을 통해 모이게 되었을 것이다. 그리고 시간 경과와 함께 경험기억의 진수眞髓가 퇴

색해 순수한 지식으로 변해가는 것이다. 경험기억은 우리가 모르는 사이에 그저 지식기억으로 변해버린다. 그렇게 되면 단순한 질문임에도 불구하고 시험 중에 잊어버리고 마는 결과를 초래한다.

물론 그 기억은 뇌 안에 존재하고 있다. 하지만 지식기억이기 때문에 계기가 충분하지 않으면 떠올릴 수 없다. '떠올리지 못하는 기억'은 기억으로서의 가치가 없다. 시험점수라는 측면에서는 '기억하지 못한다'는 사실과 동일한 취급을 받는다.

아무리 훌륭한 도시라도 오랫동안 도로를 사용하지 않고 내버려두면 잡초가 나며 결국 쓸모없게 변해버린다. 그러므로 잊어버려서는 안 되는 중요한 지식은 때때로 사람들에게 설명해 주면서 경험기억으로 계속 단련시키는 노력을 기울이도록 하자.

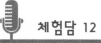

체험담 12

좋은 참고서를 고르는 방법

제가 참고서를 고를 때에 유심히 살펴보는 부분을 말씀드리겠습니다. 주로 그림이 많은 것을 삽니다. 그리고 제목과 소제목이 크고 확실하게 쓰여 있는 책일수록 머릿속에 정리하기가 쉽습니다. 줄 바꿈이 많은 책도 좋습니다.

그리고 내용을 주의깊이 살피면서 이유나 인과관계에 대한 설명 없이 그저 '이곳이 시험에 자주 나오니 외워라' 라는 식의 책은 사지 않습니다. 마지막으로 서문을 읽어보고, 정말 하고자 하는 의욕이 생기면 아무리 비싸도 그 책을 삽니다. (고1 학생)

저자의 충고

참고서 선택에서 첫인상은 정말 중요하다.

개인에 따라 다르지만, 그림이 많은 것 역시 중요한 포인트가 될 수 있다. 일반적으로 그림은 이해를 도울 뿐 아니라 그림을 뇌에 정착시키는 측면에서도 큰 도움이 된다. 문자로 가득한 책을 공부할 때에 무뎌질 수 있는 상상력을 도와주기 때문이다.

그림을 더 유용하게 활용하기 위해서는, 왼쪽 시야에 그림이 배치되어 있는 책을 고르는 것이 중요하다. 사람은 왼쪽에 있는 것을 더욱 더 잘 기억하기 때문이다. 아마 우뇌 때문일 것이다. 반대로 읽거나 듣는 것, 다시 말해 말에 관련된 것들은 오른쪽 귀로 입력시켜 좌뇌에 들어가게 하면 훨씬 더 잘 기억할 수 있을 것이다. 그러한 부분까지 충족시키는 참고서라면 더욱 좋을 것이다.

지적한 것처럼 참고서는 제목이 제대로 쓰여 있는지를 확인해야 한다. 순서대로 분류되어있는 것이 더 이해하기 쉽고, 다 외운 뒤에도 목차의 단어들을 통해 떠올리기 쉬우며, 이용하기 쉬운 지식으로 변할 것이다. 근거나 인과관계를 명시하지 않고 결과만 기술한 참고서는 더 이상 참고서라고 부를 수 없을 것이다. 요점만 정리한 책은 시험 직전 확인용으로만 사용하자.

33. 소리 내어 외우자

'다른 사람에게 설명한다'는 행위는 경험기억을 만드는 최상의 지름길이라고 말했다. 설명이 뇌에 좋은 이유는 그밖에 더 있다. 설명할 때에는 반드시 목소리를 내어야 하기 때문이다.

일반적으로 귀를 사용한 학습은 눈을 사용한 학습보다 효율이 좋음을 알고 있는가? 예를 들면 다른 사람으로부터 상처가 될 말을 들으면 오랜 기간 마음에 남는다. 귀를 통해 얻은 기억은 강하게 남아 있다.

비밀은 뇌의 진화 과정에 있다. 시각이 고도로 발달한 것은 동물의 진화 과정에서는 비교적 최근의 일이다. 실제로 쥐나 개, 고양이 같은 포유류의 시각은 사람에 비해 좋지 않다는 사실이 잘 알려져 있다. 하지만 청각은 더 잘 발달돼 있어 먼 곳의 작은 소리도 들을 수 있다. 다시 말해 긴 진화 과정에서 포유류는 눈보다 귀를 더 잘 활용하며 살아왔다고 할 수 있다.

앞서 말한 것처럼, 뇌는 사람을 위해서만 만들어진 것이 아니다. 동물의 진화 과정에서 조금씩 발달해 지금의 뇌에까지 도달한 것이다. 사람의 뇌는 일상생활을 주로 시각에 의존하도록 변했지만, 아직도 원시적인 동물의 습성이 진하게 남아 있다. 이것은 귀의 기억에도 해당된다. 진화의 역사가 긴 만큼 귀의 기억은 마음에 잘 남는다.

여러분도 어린 시절 배운 노래를 아직도 잘 기억하고 있을 것이다. 〈도레미 노래〉나 〈떴다 떴다 비행기〉 같은 노래는 멜로디만 흘러나오면 가사는 저절로 생각날 것이다.

가사는 단순한 지식기억임에도 이렇게 간단히 떠올릴 수 있다. 혹시 멜로디 없이 가사만 떠올려보려고 하면 쉽지 않을 것이다. 이것이 청각기억의 마술이다.

무언가를 외울 때에도 마찬가지이다. 어떤 노래 가사를 시각적 자료만 가지고, 문자를 보면서 암기하려면 꽤 많은 시간이 걸릴 것이다. 하지만 실제로 노래를 부르며 멜로디·리듬과 함께 외우면 의외로 간단하게 외울 수 있을 것이다.

귀를 사용한 암기법이 얼마나 유용한지 이해하였는가? 여러분도 공부를 할 때에 시각에만 의존할 것이 아니라 청각을 사용하도록 하라.

물론 눈과 귀만 활용하면 된다는 말은 아니다. 인간의 몸에는 더 많은 감각기관이 존재한다. 그것들을 가능한 한 많이 이용하는 것이 좋다. 공부할 때에는 꼭 손을 움직여 필기를 하거나, 소리 내어 몇 번이고 말하면서 외우도록 하라.

한 예로, 한자 기억 실험에서 손을 움직이지 못하게 고정시킨 뒤에는 시험점수가 낮아진 것을 확인하였다. 이러한 사실을 보면 기억이 신체와 밀접한 관련이 있음을 알 수 있다. 손, 눈, 귀 등 오감을 최대한 활용해 해마를 최대한으로 자극하면서 기억하는 길만이 공부의 지름길이다.

빨간 셀로판지로 빨간색 글자를 가리면서 암기하는 용어집을 사용하는 사람들이 있다. 이 공부법은 그저 보기만 하는, 다시 말해 시각기억에만 의존하는 학습이 되기 쉽다. 이러한 참고서는 시험 직전 요점 재확인용으로 사용하기를 바란다.

호문쿨루스

　뇌는 사용하면 할수록 성능이 좋아지는 신기한 장치이다. 그러므로 평소 생활에서 가급적 뇌를 계속 사용하는 것이 좋다.

　하지만 무턱대고 사용하면 되는 것은 아니다. 좀 더 효율적인 단련법이 존재할 수도 있다.

　예를 들면 다음의 기묘한 인간 그림을 보라. 몸의 각 부분을 제어하는 신경세포가 뇌에 어느 정도 비율로 존재하는지를 나타낸 인형으로, '호문쿨루스Homunculus' 라고 부른다. 호문쿨루스는 손가락이나 혀는 크지만 팔이나 다리, 몸은 말라깽이에 불과하다. 이것은 사람의 뇌가 손가락이나 혀에 대해 매우 민감하게 반응한다는 사실을 알려준다.

　실제로 사람 손끝의 감수성은 고양이 수염의 민감함에 필적할 정도이다. 거꾸로 생각하면 뇌를 자극하기 위해서는 손

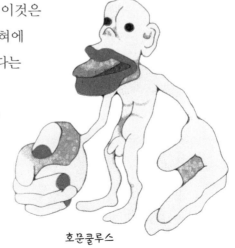

호문쿨루스

끝을 사용하는 것이 효과적임을 추론할 수 있다. 손끝 운동은 평소에 마음의 준비와 시간 활용으로 충분히 할 수 있다. 공부할 때에는 눈으로 보면서 외우는 것뿐 아니라, 손으로 쓰면서 외우는 것이 중요함은 말할 나위가 없다. 등굣길에 할 일 없는 손으로 손가락 체조를 하거나, 취미로 재봉이나 악기 연주나 타자를 하는 등 뇌를 자극할 수 있는 방법들은 언제나 많다.

그런데 '뇌를 너무 사용하면 지치지 않을까' 하고 걱정하는 사람이 있을지도 모르겠다. 하지만 실제로 뇌는 지치지 않는다. 혹시 공부 중에 피로를 느낀다면 그것은 뇌가 아닌 눈이나 어깨 등 신체의 피로일 것이다.

왜냐하면 뇌는 밤낮으로 쉬지 않고 계속 활동해도 지치지 않도록 만들어졌기 때문이다. 그도 그럴 것이 뇌가 쉬어버리면 호흡마저 할 수 없게 된다. 뇌는 강인한 녀석인 것이다. 평생 계속 움직여도 상관없도록 설계된 것이다. 그러므로 여러분도 거리낌 없이 뇌를 계속 자극하기 바란다.

"우리 인생은 우리가 들인 노력만큼의 가치가 있다." 프랑수아 모리악(작가)

하지만 눈의 피로는 머리, 목, 어깨 그리고 허리에까지 이어지므로 빨리 손을 써야 한다. 미국 지압연구소 가쿠 박사에 의하면,

눈의 피로 회복에는 눈 안쪽 움푹한 곳을 양손 엄지손가락으로 밀어 올리듯 누르면 효과적이라고 한다. 눈을 감은 채 눈 위에 40도 온도의 찜질기로 15초간 따뜻하게 하는 것도 효과적이다. 또한 비타민B, C류가 부족하면 쉽게 눈이 피로할 수 있으니 영양 균형에도 유의하기 바란다.

34. 기억의 종류와
연령의 관계를 이해하자

　지금까지 지식기억과 경험기억, 이 두 가지에 관해 설명하였다. 하지만 여러분의 뇌 속에 있는 기억의 종류가 이 두 가지뿐일까? 물론 그럴 리 없다. 다른 중요한 기억이 하나 더 있다. 무엇인지 아는가?

　자전거 타는 법, 옷 입는 법 같은 기억들이다. 즉, 사물의 순서나 방법에 관한 기억이다.

　요령이나 노하우를 뇌의 기억이라고 하니 다소 이상하게 여기는 사람도 있을 수 있다. 하지만 갓 태어난 어린 아기가 자전거 타는 법을 이미 알고 태어나지 않는다는 사실을 기억하라. 자전거 타는 법은 태어난 뒤에 누군가에게 배워 습득한 지식이다. 다시 말해 타는 법을 기억하고 있는 것이다. 이런 부류의 기억을 지금부터 '방법기억' 이라고 부르겠다.

　알기 쉽게 말하면 지식기억과 경험기억은 머리로 외우는 기억이며, 방법기억은 몸으로 외우는 기억이라고 할 수 있다. 물론 몸이 외우는 것은 아니며 뇌가 외우는 기억이다. 운동선수는 "근육이 외우고 있다."라는 표현을 자주 사용하지만, 이것은 비유에 불과하다. 근육에는 기억력이 없기 때문이다.

지식기억과 경험기억이 'What is'로 설명하는 데 비해 방법기억은 'how to' 기억이라고 할 수 있다. 지식기억이나 경험기억은 말로 타인에게 설명할 수 있지만, 방법기억은 말로는 설명하기 힘들거나, 전혀 설명할 수 없는 부류의 기억이다. 예를 들면 실용서나 교재로 아무리 스키 타는 법을 공부해도, 실제로 스키를 연습하지 않으면 결국 타지 못할 것이다. 방법기억은 실천에 의해 익히는 것이다.

방법기억에는 중요한 두 가지 특징이 있다.

첫 번째는 무의식중에 만들어지는 기억이다. 스키 타는 법은 몇 번 타다보면 자연스럽게 익히게 된다. 그렇기 때문에 "몸으로 익힌다."라는 말을 듣게 되는 것이다.

두 번째는 방법기억은 잊어버리기 힘든 끈질긴 기억이라는 점이다. 예를 들면 자전거 타는 법이나 트럼프 게임의 규칙 등은 수년간 하지 않아도 필요할 때에 자연스럽게 떠올릴 수 있다. 심지어 기억이 너무나 선명하게 남아 있기 때문에, 자기만의 방식으로 운동을 하다가 안 좋은 버릇이 생겨버린 경우, 나중에 올바른 자세로 교정하기 위해 아무리 노력해도 잘 바뀌지 않는 불편이 생기기도 한다.

자, 이로써 기억 3형제가 모두 모였다. 장남 방법기억, 차남 지식기억, 삼남 경험기억이다.

실은 이 3형제는 평등한 위치에 있지 않다. 상하관계에 있다.

도표에서 표현한 것처럼, 아래층에 방법기억, 중간층에 지식기억, 위층에 경험기억이 존재한다. 저자는 이 그림을 '기억 3형제 피라미드 구조'라고 부른다. 아래로 내려갈수록 원시적이며 생명유지 측면에서 더 중요한 의미를 지닌다. 위로 올라갈수록 고도로 발전한 풍부한 내용을 지닌 기억으로 변한다.

기억의 구조

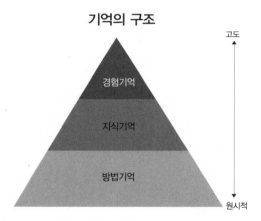

이 피라미드는 동물의 진화 과정에도 적용된다. 진화상에서 오래된, 원시적인 동물일수록 장남인 방법기억이 잘 발달되어 있다. 반대로 고등동물일수록 위 단계의 기억이 발달하였다. 사람은 다른 동물에 비해 피라미드 꼭대기에 있는 경험기억 능력이 뛰어남은 말할 필요도 없다. 경험기억은 사람에게만 있는 종류의 기억이

라고 하는 연구자도 있을 정도다.[27]

이 피라미드는 사람의 성장과정에도 응용할 수 있다. 어린아이에서 어른이 됨에 따라 가장 빨리 발달하는 것은 원시적인 방법기억이다. 다음으로 지식기억이 발달한다. 그리고 마지막으로 발달하는 것이 경험기억이다.

우리는 태어나서 3~4살까지의 기억이 거의 없다. 그도 그럴 것이, 갓 태어났을 때에는 경험기억이 아직 발달하지 않았기 때문에 자신과 관련된 이야기가 기억으로 남지 않는 것이다. 하지만 방법기억은 바로 발달하기 때문에 엉금엉금 기거나 아장아장 걷는 등 '몸으로 익히는 방법'이 몸에 배게 된다. 조금 더 성장하여 지식기억이 발달하면 말을 할 수 있게 된다. 하지만 경험기억은 성장 과정 속에서는 상당히 늦게 발달하기 때문에, 어린 시절 언제 어디서 무엇을 했는지에 관한 기억은 남지 않는다.

실제로 중학생까지는 지식기억이 더 잘 발달되는 시기로, 그 나이를 지나면 경험기억이 우세하게 된다.

예를 들면, 초등학교에서는 10살이 되기 전에 구구단을 외우게 한다. 이는 지식기억이 잘 발달하는 이 시기를 노려 암기시키자는 교육방침에 따른 것이다. 이 시절 아이들은 어려운 논리와 같은 공부가 아니라 문자의 나열이나 그림, 음악에 관해 절대적인 기억력을 발휘한다. 초등학생이 만화나 게임 캐릭터를 통째로 외우는 능력은 놀랄 만하다. 이러한 능력은 2차 성징기를 맞는 중학생 때에 쇠퇴하며, 차츰 경험기억을 중시하는 뇌로 변화한다.

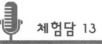

비전의 독서법

어느 정도 두꺼운 책을 읽을 때에, 중요하다고 생각되는 부분에 밑줄을 긋거나 형광펜으로 표시를 하는 사람이 많습니다. 저도 그렇습니다.

그리고 나아가 저는 표지 뒤쪽에 'p23 기억을 만드는 것은 해마' 라든가 'p35 지식기억에서 경험기억으로' 처럼 자신이 정리한 요점을 순서대로 써내려갑니다. 마치 개가 처음 지나가는 길 위에 오줌을 찔끔찔끔 싸는 것과 같다고 할까요. 책을 절반 정도 읽어 내려 가다보면 다소 이야기가 복잡해지거나, 첫 부분에 쓰여 있는 내용을 잊어버리기 시작해 더 이상 읽기가 힘들어집니다. 그럴 때에 표지 뒷면에 써놓은 내용을 위에서부터 읽습니다. 그러면 이야기의 흐름이 보이며, 다음 내용을 읽기 편해집니다.

전부 다 읽고 난 다음에 인용하거나 필요한 곳만 골라 읽을 때도 편리합니다. 부디 한 번 시험해보시기 바랍니다. 하지만 도서관에서 빌린 책에는 하지 마세요. (고2 학생)

저자의 충고

예로부터 전해 내려오는 독서법을 정말로 잘 활용한 방법이다.

스스로 개발한 방법인가?

책의 중요 단어를 빼내는 작업은 뇌 안에 정보의 지도를 만드는 작업이기 때문에 내용 습득 면에서 아주 좋은 방법이다.[28] 이 방법을 실천하면 자신이 책의 내용을 제대로 이해하고 있는지 혹은 애매한 부분은 없는지 확인할 수 있다. 일종의 복습법인 셈이다. '읽다'를 영락없이 '눈' 만의 작업이라 생각하기 쉽지만 '손'을 사용하여 출력하면서 읽어 내려가다니, 좋은 발상의 전환이다.

35. 공부법을 바꿔야 하는 시기가 있다

기억의 종류가 나이에 따라 바뀐다는 사실을 말했다. 그 나이에 따라 가장 뛰어난 기억의 종류가 있다는 말이다.

이 사실은 바꿔 말하면, 공부할 때에 나이에 알맞은 공부법을 사용해야 한다는 뜻이다.

예를 들어 중학교 3년의 경우, 전반부는 지식기억 능력이 아직 우세하기 때문에 시험범위를 통째로 암기하여 시험 보는, 무턱대고 밀어붙이는 작전으로도 성공했을 것이다. 하지만 고등학교 입시공부를 시작할 무렵부터는 경험기억이 조금씩 우세해지기 때문에, 이전 같은 무모한 암기 작전은 결국 통하지 않게 된다.

그런데도 자신의 뇌에서 일어나는 중대한 변화를 깨닫지 못하고, 언제까지나 과거의 영광에 의지하며 같은 공부법을 고수한다면, 자신의 능력에 한계를 느끼게 된다.

그런 사람들은 "옛날에는 잘 외웠었는데…." 하며 기억력 저하를 탓한다. 말할 것도 없지만 그것은 기억력이 저하된 것이 아니다. 단순히 기억의 종류가 바뀐 것뿐이다. 이 사실을 빨리 깨닫지 못하면, 수업 진도를 따라가지 못하고 결국 낙오될 위험성이 크다.

실제로 초등학교 시절에는 공부를 잘 했는데, 중·고등학생이 된 후 학교 성적이 급격히 떨어지는 학생들이 있다. 자신의 능력 변화에 대처하지 못한 것이 원인일 가능성이 있다. 자신의 기억 특성을 잘 이해하고, 그에 알맞은 대응책을 세워야 한다. "5살 때 신동神童도 20살 넘으면 그저 평범한 사람"이라는 말을 듣지 않기를 바란다.

반대로 중·고등학생이 된 뒤 갑자기 성적이 오르는 학생들도 있다. 이런 학생들은 본인의 능력 변화를 빨리 깨닫고 더 나은 공부법을 선택했기 때문일 것이다.

중·고등학생이 되면 무턱대고 암기하는 능력보다 이론적인 경험기억이 더 발달한다. 그것은 사물을 잘 이해하고 그 구조를 보는 능력이다. 당연히 공부법도 그에 합당한 작전을 생각해야 할 필요가 있다. 통째로 암기해서는 안 된다. 고등학생이 되면 더 이상 통째로 외우는 암기법은 효과적인 공부법이라고 할 수 없다.

만약 지금까지 통째로 암기하여 좋은 결과를 얻어왔다 할지라도, 애초에 그러한 암기법에는 중대한 결점이 있다. 통째로 암기하면 외운 범위에 한정된 지식만 쓸 수 있다. 대응 범위가 한정돼 있는 것이다.

　반면 논리·구조로 사물을 외우면 같은 논리를 활용할 수 있는 모든 상황에 그것을 활용할 수 있다. 예를 들면 통째로 외운 것과 같은 분량이라도 이론적인 암기를 한 경우는 훨씬 더 넓은 범위에서 유리하게 작용한다. 이론에 근거한 기억은 응용 범위가 넓기 때문이다.

　그러므로 중학생이 되고 나면, 한시라도 빨리 지식기억에 의존한 공부법을 버려야 한다. "뒤로 미루는 것은 시간을 훔치는 것이다."라고 시인 에드워드 영은 말했다. 언제까지나 과거의 영광을 바라기만 한다면, 장래에 비참한 결과가 기다리고 있는 것과 마찬가지라고 하겠다.

영단어는 어원으로 외운다

"영단어를 어원語源으로 외우면 더 오래 기억에 남고, 모르는 단어도 뜻을 예상할 수 있기 때문에 일석이조"라고 말하는 사람이 있는데, 저는 영단어는 이론만 내세우기보다 닥치는 대로 달달 외우는 방법이 낫다고 생각합니다. 단어장을 사면 예문도 나오고 덤으로 CD까지 주지만, 거의 다 사용하지 않았습니다. 하지만 이렇게 공부하니 영어 문장의 뜻은 아는데 영작은 할 수 없습니다.

예를 들면 일전에도 'abandon'은 '버리다'라고 외웠는데, '쓰레기를 버리다'에 'abandon'을 사용했더니 오답처리 되었습니다. 대학에 가면 모르는 단어가 더 많이 나올 테고 영어로 과제까지 써야 한다고 들어서 너무 혼란스럽습니다. (고3 학생)

저자의 충고

통째로 암기해 정말 확실하게 암기할 수 있다면 상관없겠지만, 일반적으로 그런 암기법은 응용이 불가능하기 때문에 주의를 요한다. 왜냐하면 축적된 지식은 신경연결망 안에서 '유기적인 결합'을 가져야만 하기 때문이다. 통째로 암기한 기억은 마치 시골 마을과 같은 기억이다. 게다가 통째로 암기한 기억은 변질되기 쉽기 때문에 실수의 원인이 되며, 무엇보다 빠르게 잊어버린다는 결점이 있다.

실제로 영단어 자체는 대단한 의미를 지니고 있지 않다. 문장이나 회화 속에서 사용되면서 비로소 고유의 의미를 발휘한다. 이점은 대단히 중요하다. 영작문을 잘 못하는 것 역시 그런 사실이 드러난 것이라고 할 수 있다. 영어는 단어뿐 아니라 문법, 다시 말해 이론도 중요하기 때문이다. 전후 관계나 문맥에 의해 단어에 의미가 부여되기 때문이다.

어원도 넓은 의미에서 보면 이론이다. 단어의 구조를 알면 처음 보는 단어도 그 의미를 상상할 수 있게 된다. 이 독자는 이미 풍부한 단어 지식을 가지고 있기 때문에 이제부터는 그 지식을 활용하기 위해 노력하는 것이 좋을 것이다. 이미 뇌 속에 축적한 지식을 서로 관련짓고, 풍부한 지식으로 바꾸어가는 것이다. 어원을 외우고, 나아가 문법도 익힌다면 영어를 가장 잘하는 과목으로 만들 수 있을 것이다.

36. 방법기억이라는 마법의 힘

지금부터 이 책의 마지막까지 방법기억에 관해 자세히 설명하고자 한다.

방법기억은 실로 심오한 기억이다. '마법의 기억'이라고도 불린다. 방법기억을 제대로 이용하면 여러분의 공부에 든든한 지원군이 되어줄 것이다.

앞서 학습전이轉移에 관해 설명하였다. 어떤 분야를 깊이 연구하면 다른 분야의 지식도 간단히 습득하게 되는 현상을 말한다. 실은 이것 역시 방법기억에 의한 상호연관 작용의 결과이다.

어떤 분야든 한 부분을 습득하기 위해서는 그와 관련된 지식뿐 아니라 그것을 이해하는 방법을 알 필요가 있다. 이해하는 방법, 그것은 바로 방법기억이다. 요컨대 어떤 분야의 지식을 습득하기 위해서는 그 분야의 지식뿐 아니라 방법기억까지 자연스럽게 습득해야 한다는 말이다. 이 방법기억이 기초로서 존재하기 때문에 다른 분야의 이해를 늘릴 수 있는 것이다. 예를 들면 야구를 잘하는 사람은 야구 폼이나 규칙(다시 말해 방법기억)을 이미 습득하고 있기 때문에, 그 지식을 응용하면 소프트볼을 쉽게 배울 수 있는 이치와 같다.

여기서 여러분이 기억했으면 하는 것은, 방법기억은 기억하는 것도 떠올리는 것도 무의식중에 이루어진다는 사실이다. 실제로 지식이나 정보의 기억은 '의식하여' 학습해야 하지만, 부수적인 이해 방법은 '무의식중에' 기억되기 때문이다.

다시 말해 여러분의 의지와는 상관없이 방법기억은 멋대로 작동한다는 말이다. 그러므로 방법기억은 생각지도 못한 곳에서 부지불식간에 절대적 위력을 발휘하고 있는 것이다.

장기나 체스 명인은 시합이 끝난 뒤 대국 장면을 완전히 재현할 수 있다. 그뿐 아니라 과거 수십 회분의 기보를 완벽히 기억하는 사람도 있다. 장기 초보가 보면 장기 기사들은 정말 천재적인 기억력을 가지고 있는 것처럼 보인다.

지식기억으로 "이 칸에 '졸'이 있었고, 옆 칸에 '상'이 있었고, 여기에 '차'가 있고…" 이렇게 통째로 외웠다면 정말 고된 일이었을 것이다. 혹시 여러분 중에는 이런 반론을 펴는 사람이 있을 수도 있겠다. 기사들은 자신들이 직접 한 시합이기 때문에 그것을 지식기억이 아닌 경험기억으로 외웠다고. 분명히 그 말도 맞다. 하지만 명인들은 자신의 경험과 상관없는 다른 사람들의 경기까지도 경기기록을 보기만 하면 쉽게 모든 기보를 외울 수 있다. 지식기억만으로 이렇게 하려면 초인적인 기억력이 있어야 가능할 것이다.

사실 지식기억만으로 이 모든 내용을 외우는 것은 어떤 명인도 불가능하다.

다시 말해 명인은 지식기억·경험기억뿐 아니라 방법기억을 구사해 기보를 외우는 것이다. 대국 중에 나온 형세를 모형화해 기억하는 것이다. 무의식중에 기보를 분류·해석하여 법칙성을 간파하는 것이다.

그 증거로 대국에서 절대 나올 수 없는 형세(예를 들면 저자 같은 초보가 '말'을 적당히 늘어놓은 형세)를 보면, 명인이라도 전혀 기억하지 못한다. 지금까지 경험을 통해 쌓아온 방법기억을 쓸 수 없기 때문이다. 이런 상황에서는 명인의 경이적인 기억력도 초보와 다를 바 없게 변한다.

이처럼 얼핏 보기에 천재적으로 보이는 능

력은 대부분 방법기억을 근원으로 한다. 천재를 만드는 비결은 방법기억인 것이다. 이것이 '마법의 기억'이라고 불리는 이유이다.

수학을 잘하는 사람은 시험 중에 문제 푸는 방법이 머릿속에 떠오른다고 한다. 하지만 우연히 머릿속에 떠오르는 것이라면 좋은 성적을 유지할 수 없을 것이다. 문제 내용을 제대로 이해하고, 문제를 유형화類型化해야 문제 푸는 방법을 떠올릴 수 있다. 경이적인 수학 발상력도 그 근원에는 꼭 튼튼한 방법기억이 있게 마련이다.

방법기억은 얼마나 많은 문제와 씨름하였는가가 관건이다. 공부도 하지 않고 편하게 살아온 사람이 어느 날 갑자기 문제 푸는 방법을 깨닫지는 않는다.

좋은 선생님이 있는 학원에 가면 안 된다!?

좋은 학원일수록 좋은 선생님이 있습니다. 좋은 선생님이란 우리를 희망하는 대학에 합격시키기 위해 가장 좋은 해법을 찾아주는 선생님을 말합니다.

하지만 저는 모든 것을 선생님께 맡기고 철저하게 배우기만 하면, 막상 대학에 합격해도 '혼자 자립하여 무언가를 할 수 있을까' 하는 생각에 불안합니다. 생각해보면 초 · 중 · 고까지는 학교선생님이 마음에 안 들면 학원에 가면 그만이었습니다. 그리고 그곳에는 우리들이 필요로 하는 것을 깊이 연구하고, 나아가 알기 쉽게 설명해주는 프로강사가 있습니다. 대학교수는 연구자로서 뛰어난 분임이 틀림없지만 가르치는 측면에서는 학교선생님보다 더 못하다고 할까, 아예 관심이 없는 사람도 있다고 들었습니다.

그렇다면 대학에 들어갈 준비의 일환으로 입시 합격을 위한 지식도 중요하지만, 자기 스스로가 공부할 수 있는 방법을 몸에 익히는 연습 역시 중요하지 않을까요? 그렇게 생각하니 좋은 선생님이 있는 학원일수록 가면 안 될 것 같다는 생각이 들었습니다.

고3이 되고 처음으로 학원 수업을 듣고 깜짝 놀랐습니다. 점수를 얻기 위한 잔재주가 아니었습니다. 수학 선생님께는 추론의 엄밀함을, 현대문학 선생님께는 인간의 심오함을 배웠습니다. 그 뒤를 따르는 우리는 선배들이 개척한 세계나 방법론을 빨리 이어받아 그 위에 무언가를 더해가야 할 존재라는 생각을 하였습니다. (고3 학생)

저자의 충고

이런 상담을 실제로 많이 받는다. 대학은 교육기관이면서 연구기관이기 때문이다. 그러므로 대학 선생은 가르치는 것을 좋아하기 때문에 혹은 잘 가르치기 때문에 교수가 된 것이 아니다. 대학에 갓 입학한 학생들 중 많은 사람들은 이런 차이에 당황하곤 한다. 어차피 고등학교까지의 시험을 위한 공부는 대학에 들어와서 하는 능동적인 학습과는 질적으로 전혀 다르다.

그렇다고 해서 '대학생활 준비를 위해 좋은 선생님이 있는 학원을 가서는 안 된다'는 생각은 지극히 단순한 생각이다. 벌써 알아차렸을 수 있지만 정반대이다. 표면적인 효과에 주의를 빼앗겨서는 안 된다. 좋은 선생님 아래서 좋은 수업을 받으면, 그만큼 여러 가지 다른 상황 속에서도 임기응변이 가능해진다. 미래를 불안하게 여길 필요는 없다.

또한 효율적인 공부법을 가르쳐주는 선생이 꼭 좋은 교사라고 할 수는 없다. 한마디로 설명하기가 정말 힘들지만, 이것만은 여러분 자신이 직접 경험하고 깨달아야만 한다. 결국 '좋은 교사란 무엇인가'를 알고 있다는 사실은 결코 헛되지 않다. 대학에 들어간 뒤 학력이 증가하는 학생이 누차 하는 말은 의외로 "중·고등학교 때 좋은 선생님을 만났기 때문에."이다. 그런 좋은 기회를 자주 만난 것은 축복이라고 생각한다.

37. 탄력적인 기억법

저자는 이렇게 기억과 관련된 책을 쓰고 있지만 구구단을 거의 외우지 못한다. 정말이다. 실제로 지금까지 외우고 있는 것은 '이이는 사' '이삼은 육' '이사는 팔' 등 세 가지밖에 안 된다.

"왜 구구단을 못 외우는가?"라는 질문을 자주 받는다. 이유는 간단하다. 단순히 학생 때에 공부를 싫어했기 때문이다. 물론 성적은 언제나 하위권이었다.

하지만 현재 저자는 구구단을 외우지 않아도 아무런 지장이 없다. 실제로 저자는 고등학교 때에도 학원을 다니지 않고 독학으로 입시공부를 하여 한 번에 도쿄대 이과1에 합격하였다. 도쿄대에 입학한 후에도 뒤쳐지지 않고 약학부에 1등으로 진급하였으며, 도쿄대 대학원에 수석입학 하였다.

저자처럼 구구단도 외우지 못하는 인간이 어떻게 구구단을 제대로 외우는 인간보다 뛰어난 시험성적을 남길 수 있었을까? 그 비결을 전수하고자 한다. 왜냐하면 이 방법은 누구나 가능하기 때문이다.

그 비결은 바로 방법기억이다.

다시 말해 저자는 구구단을 외우지 않는 대신 '구구단을 계산하는 방법'을 습득하였다.

예를 들면 '6×8'의 경우를 생각해 보자. 구구단은 '6×8'을 어떻게 발음하는지 모르지만, 그런 지식기억을 꺼낼 필요도 없이 저자는

$$
\begin{array}{r}
60 \\
-12 \\
\hline
48
\end{array}
$$

이렇게 답을 순식간에 떠올린다. 또는

$$
\begin{array}{r}
40 \\
+8 \\
\hline
48
\end{array}
$$

이렇게도 답을 도출한다. 이 계산이 어떻게 생겨나게 되었는지 알겠는가?

내 머릿속에는 숫자를 '10배 하는 것' '2배 하는 것' '반으로 나누는 것'이라는 세 가지 방법이 들어있다. 이 세 가지 방법만 기억하고 있으면 모든 구구단의 답을 이끌어낼 수 있다. 게다가 순식간에 말이다. 이 세 가지 방법은 '곱하기 10' '곱하기 2' '나누기 2'와는 전혀 다른 개념이다. 저자는 곱셈이나 나눗셈은 잘 못한다. 저자가 할 수 있는 것은 숫자를 두 배로 만들거나 절반으로

만들거나 숫자 뒤에 0을 붙이는 단순한 작업뿐이다.

이 방법을 사용하면 '6×8'은

6×8

$= 6 \times (10-2)$

$= 6 \times 10 - 6 \times 2$

$= 60 - 12$

$= 48$

또는

6×8

$= (5+1) \times 8$

$= (10 \div 2 + 1) \times 8$

$= 10 \times 8 \div 2 + 1 \times 8$

$= 10 \times 4 + 8$

$= 40 + 8$

$= 48$

이렇게 계산이 가능하다. 방법기억이란 말하자면 사물의 본질적 요소를 추출하여 외우는 행위를 말한다. 방법기억을 활용하면 구구단 81개를 암기할 필요가 없어진다. 겨우 세 가지 법칙을 외우기만 하면 되는 것이다. 그 세 가지 법칙만으로 구구단을 외우는 것과 비슷한 속도로 정답을 이끌어낼 수 있다. 방법기억은 적은 힘을 들여 높은 효과를 거두는 좋은 방법인 것이다.

더 강조하고 싶은 부분이 있다. 이 세 가지 법칙을 사용하면

'23×16' 같은 두 자릿수 곱셈도

$$23 \times 16$$

$$= 23 \times (10+6)$$

$$= 23 \times (10+10 \div 2+1)$$

$$= 23 \times 10+23 \times 10 \div 2+23$$

$$= 230+115+23$$

$$= 368$$

이처럼 구구단과 같은 속도로 답을 계산할 수 있다. 구구단을 통째로 외운 사람보다 계산 속도가 빠를 수도 있다.

이제 이해하였는가? 외운 구구단 다시 말해 지식기억은 그 범위 안에서만 활용이 가능하지만, 방법기억을 사용하면 같은 이론을 기초로 한 모든 계산에 응용할 수 있다.

방법기억은 '부풀어 오르는' 기억이다. 그러므로 무언가를 통째로 외우는 것보다 적은 기억 량으로 가능하다. 게다가 잘 잊어버리지 않는 강한 기억이다. 방법기억을 이용하지 않는 사람은 분명히 손해를 보고 있는 것이다.

예를 들면 저자는 학생시절에 수학이나 이과 공식을 거의 외우지 않았다. 공식은 시험을 보면서 깨닫는 것이었다. 여러분이 보기에는 왜 미리 외우지 않고 고생스럽게 공부했는지 의아하게 여길 수 있겠지만, 공식을 외울 시간이 있다면 그 시간에 다른 공부를 하고 싶었기 때문이다.

실제로 공식 자체(지식기억)보다 공식에 이르는 방법(방법기억)을 외우는 쪽이 그 공식을 '응용하는 능력'을 더 잘 몸에 익힐 수 있다. 왜냐하면 공식의 원리를 이해하기 때문이다.

일반적으로 이론을 이해하지 못한 채 공식만 달달 외운 사람은 공식을 사용한 문제를 푸는 능력이 떨어진다고 한다. 그러한 경우는 애써 모은 지식도 허사로 돌아가고 만다. 어떤 지식도 기초 이론을 이해하며 외우는 것이 가장 중요하다.

이것은 이과理科 이외의 과목에도 적용된다. 사회도 국어도 영어도 마찬가지이다. 역사적 사실이나 세계 여러 나라의 경제상황, 시대배경이나 인물들의 생각을 이해하면, 많은 현상의 근본이 이어져 있음을 깨닫게 된다. 지식을 통째로 외우는 공부법은 되도록 줄이고, 지식의 배경이론을 이해하는 쪽으로 공부의 비율을 높이기 바란다.

많이 외우는 행위는 결코 자랑거리가 되지 못한다. '기억한 양 자체는 아무런 의미가 없다'는 말을 명심하기 바란다. 그런 일로 자기만족을 하기보다, '외운 지식을 얼마나 활용할 수 있을까'라는 응용방법을 기억하는 것이 몇 배나 중요하다. 적은 기억량으로 큰 효과를 낼 수 있는 공부법으로 바꾸어야 한다.

"천재는 방법기억이 만든다."라고 말했다. 하지만 천재들은 실제로는 천재도 무엇도 아닌 방법기억을 사용하여 '요령 좋게 기억하는 사람'에 불과하다. 각각의 신경세포 성능은 모든 사람의 뇌가 똑같다. 좀 더 말하자면 사람도 쥐도 벌레조차도 거의 차이가 없다. 요점은 뇌는 사용법이 중요하다는 것이다. 모든 것은 사용법, 다시 말해 방법기억에 달려있다.

그러므로 지식기억에 시간을 낭비하는 행위는 가급적 피하고, 방법기억을 획득하기 위해 노력하기 바란다. 분명히 자신의 숨은 능력에 깜짝 놀랄 것이다. 대개 "사람이 지금 발휘하는 능력은 실제 능력에 100분의 1에 불과하다."(도요타 사키치)는 것이 현실이기 때문이다.

시험을 좋아한다고?

시험은 약점을 들추어내며 인간에게 등수를 매기기 때문에 너무 싫습니다. 시험만 없었다면 수학도 영어도 즐겁게 공부했을지 모릅니다. 무엇보다도 친한 친구를 잃지 않았을 것입니다. 저는 초등학교 3학년 때부터 이렇게 생각해, 시험일은 일부러 학교에 가지 않거나 백지와 다름없이 답안지를 제출해왔습니다.

그런데 최근에 좋아하는 남자아이가 "시험은 자신의 노력을 분명하게 보여주기 때문에 좋다."라고 말했습니다. 분명히 시험도 성적표도 없다면 자신의 약점도 장점도 확인할 길이 없을 것 같았습니다. 하지만 선생님도 부모님도 너무 어린 시절부터 시험을 경쟁의 도구로 사용하지 않았으면 좋겠습니다. (고1 학생)

저자의 충고

이것은 확실히 어려운 문제이다. 우리는 자유사회에 살고 있다. 하지만 '자유'라는 매력적인 단어의 의미를 곡해해서는 안 된다. 자유란 '무엇이든 할 수 있다' '속박이 없다'는 의미가 아니다. 예를 들어 도둑질을 해서는 안 되며, 사람을 죽여서도 안 된다. 자유라는 단어를 사회 속에서 사용하는 한 그 단어는 책임을 의미하기도 한다. 그 구속을 이해하지 못하는 사람에게는 자유를 즐길 자유는 주어지지 않을 것이다.

학교교육의 존재는 현대사회의 자유성을 상징한다. 그렇다고 해서 자신이 좋아하는 대학에 가거나, 자신이 좋아하는 과목만을 배울 수는 없다.

당연하지만 평등 · 자유를 추진하기 위해서는 궁극적으로 사람을 구별 · 차별해야 하는 국면에 처하게 된다. 입시도 많은 경우 시험성적을 사용해 사람을 선별한다. 기준의 하나로 시험을 사용하고 있는 것이다.

하지만 학생뿐 아니라 학교의 선생을 필두로 많은 사람들이 이미 알고 있는 것처럼 '성적이 나쁜 사람=쓸모없는 사람'이지는 않다. 프로야구선수도 그렇다. 홈런을 치지 못하는 선수를 쓸모없는 선수라고 낙인찍는 사람은 어디에도 없다. 안타를 치면 상관없다, 수비를 잘 하면 상관없다, 볼 컨트롤을 잘하면 상관없다, 투수를 잘 이끄는 포수라면 상관없다 등 선수의 장단점을 판단하는 기준은 여러 가지이기 때문이다.

결국 어떤 기준에 따라 '좋고 나쁨'을 판단 받는 일은 피할 수 없다. 그것이 자유 반대편에서 일어나는 현상이다. 긴 안목에서 보면, 학교시험만으로 자신의 인간성까지 판단하는 것은 아니기 때문에 실쭉해질 필요 없이, 공부를 더 열심히 하는 것이 어떻겠는가.

시험 당일 일부러 학교에 가지 않거나, 백지를 내는 마음은 이해한다. 하지만 결국 자신에게는 아무런 이득도 없다. 저자가 보기에는 독선적 정의감에 불타는, 시답잖은 자기만족에 지나지 않는다. 반항적 행위만으로는 사회모순을 향한 반항조차 성립하지 않음을 자각하기 바란다.

"인간은 자기 운명을 창조해야 하며, 운명을 맞이해서는 안 된다."

오토 빌만(독일 교육학자)

오히려 성적이 나쁘더라도, 주어진 과제에 정성껏 노력하는 쪽이 장래 자신에게 득이 될 것이다. 이미 깨달은 것처럼 시험이 없다면 자신의 약점이나 장점을 깨닫지 못한다는 것은 시험의 중요한 역할들 중 한 가지이다.

38. 왜 꾸준한 노력이 필요한가

　마지막으로 마법의 기억인 방법기억에 관해 조금 더 설명하고자 한다. 사람은 왜 천재가 되는가에 관한 궁극적인 문제와 관련된 답을 말할 것이다.

　먼저 이 책을 통해 말한 것들의 복습부터 시작하겠다. 지금 A라는 사물을 외웠다고 가정 해보자. 이때 동시에 A라는 지식의 '이해 방법'도 여러분이 모르는 사이에 뇌에 보존되었다. 즉, 방법기억이다. 다시 말해 A를 외우는 것만으로 'A'와 'A를 외우는 방법' 등 두 가지 정보를 취득하였다.

　새롭게 B라는 지식을 외웠다면, 먼저 A의 방법기억이 무의식 중에 B의 이해를 도와 더 간단하게 B를 습득할 수 있게 한다. 이것은 학습전이라고 부르는 효과이다. 당연한 사실이지만 이때 동시에 B의 방법기억도 자동으로 보존된다.

　하지만 뇌에서 일어나는 현상은 그것뿐이 아니다.

　사실 뒤에 외운 B에 대한 방법기억이 벌써 습득한 A의 이해를 더욱 보완하는 작용을 한다. 다시 말해 A와 B 두 가지 사물을 외우면 'A', 'B', 'A가 본 B', 'B가 본 A'처럼 '사물'과 '사물 사이의 연합'이라는 전부 네 가지 효과가 일어난다. 뇌에 보존되는 지식은 겨우 두 가지뿐이지만 연합효과로 네 가지 정보가 생기게 된다. 2의 2제곱이다.

기억의 상호작용

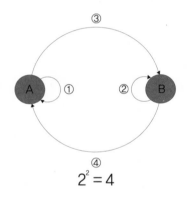

$$2^2 = 4$$

이처럼 차례로 새로운 사물을 외워 가면 그 효과는 등비급수처럼 늘어남을 알 수 있다. 일반적으로 학습전이는 '지수법 효과'가 있음을 알게 된다. 다시 말해 공부량과 성적의 관계는 단순한 비례 관계가 아니라, 기하급수적으로 급경사 곡선을 그리며 상승하는 것이다. 1, 2, 4, 8, 16… 같이 성적이 올라간다.

이것이 의미하는 바를 실감하기 위해, 여러분은 지금 성적이 1인 시작점에 있다고 하자. 그리고 공부의 목표성적을 1,000이라고 정하자.

성적은 어느 순간 갑자기 상승한다

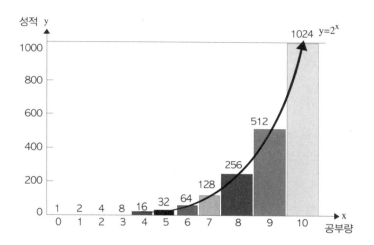

자, 여러분은 지금부터 열심히 공부를 한다. 일단 공부를 통해 수준이 높아져 성적이 2가 된다. 더욱 더 공부를 열심히 해 한 단계 더 수준이 높아져 이번에는 성적이 4가 되었다. 이렇게 노력을 거듭하면 성적은 8, 16, 32로 효과가 누적된다.

하지만 뒤를 돌아보면, 이렇게까지 노력을 기울였음에도 불구하고 현재의 성적은 아직까지도 32에 불과하다. 목표인 1,000과 비교하면 시작점에서 그리 많이 발전하지 않은 듯하다.

아마도 여러분 중 대부분은 이 시점에서 '이렇게 열심히 공부했는데 왜 성적이 오르지 않는 것이지?' '나는 역시 재능이 없구나' 하며 고민하게 될 것이다.

그리고 1,000의 성적을 가진 주위 사람을 보면서 '정말 못 당하겠군' '저런 사람을 천재라고 하겠지' 라고 느낄 것이다. 이 시점에서 자신의 부족한 재능에 실망하며 공부를 포기하는 사람도 적지 않을 것이다.

하지만 그것은 재능이 없어서가 아니다. 왜냐하면 인내심을 가지고 공부를 계속하면 그 후에 성적은 64, 128, 256, 512 이렇게 순식간에 상승할 것이기 때문이다.

실은 그렇게까지 피나는 노력을 기울여야만 비로소 공부의 효과가 눈에 띄게 나타나는 것이다. 이것이 공부와 성적의 관계의 본질이다. 아쉽게도 공부의 성과는 바로 나타나지 않는다. 실력은 어느 순간에 갑자기 폭발적으로 증가하게 된다.

실제로 그 경지에까지 도달한 사람이라면, 조금만 더 노력하면 성적이 1,024가 되어 목표였던 1,000에 도달하게 된다. 학습 레벨이 5일 때 32(=2^5)였는데, 레벨10이 되니 갑자기 1,024(=2^{10})에 도달한 것이다. 나아가 조금만 더 노력하면 성적을 2,048로 발전시킬 가능성도 열린다. 이 정도 속도로 학습 레벨20까지 도달하면 2^{20}=1,048,576이기 때문에 무려 100만을 넘게 된다.

그리고 성적 100만에 도달한 사람은, 많은 노력을 기울여 겨우 32에 도달한 사람의 관점에서는 대단한 천재로 보일 것이다. 이것이 '공부 상승효과' 의 실체이다.

이렇게 생각하면 재미있는 사실을 깨닫게 된다. 그것은 천재 사이에도 지식의 차이가 대단히 크다는 사실이다. 예를 들면 1,024와 2,048은 2^{10}과 2^{11}이기 때문에 등급으로 따지면 한 단계밖에 차이가 나지 않는다. 하지만 그 성적의 차이는 성적 32에서 허우적거리는 사람이 보기에는 측량할 길이 없을 정도로 큰 차이이다. 분명히 천재들은 천재들만의 고민을 안고 있음이 분명하다.

공부를 계속하다 보면, 눈앞의 안개가 갑자기 없어지는 듯이 시야가 열리고 '아 알았다!' 고 느끼는 순간이 있을 것이다. 어떤 종류의 '깨달음' 과 비슷한 심경일 것이다. 이러한 현상은 바로 공부와 성적의 관계가 지수법의 관계에 있음을 시사한다. "폭풍과 구름이 없다면 무지개도 없다."라는 작가 빈센트의 말은 공부의 핵심을 꿰뚫어보고 있다. 피나는 노력을 계속해야만 결실을 맺을 수 있는 것이다.

그렇다. '계속적인 노력' 만이 가장 소중한 공부의 마음가짐인 것이다. 좀처럼 좋은 결과를 얻지 못한다 하더라도 금방 포기해서는 안 된다. 물론 주위의 천재들을 보고 낙담할 필요도 없다. 그들과 자신의 능력을 단순하게 비교하는 행위는 무의미하다. 노력과 성적은 비례 관계에 있는 것이 아니라 등비급수적 관계에 있기 때문이다.

나는 나. 지금은 실력에 차이가 있지만, 계속 노력하면 분명 성과가 나타난다. '폭풍전야' , '갑작스러운 폭발' 과 같은 성장 유형이 바로 뇌의 성질인 것이다. 가령 효과가 눈에 보이지 않더라도 사용하면 사용한 만큼 착실히 기초능력이 쌓이고 있을 것이다.

현실적인 이야기를 하자면 공부를 시작하고 나서 효과가 나타나기까지는 아무리 빨라야 3개월 이상의 시간이 걸린다.

예를 들어 여름방학 전에 마음을 다잡아, 친구들이 재미있게 놀고 있는 7, 8월에 매일매일 열심히 공부를 계속했다고 하자. 그리고 방학이 끝나고 9월에 시험을 보았다. 본인은 '이만큼 공부했으니 분명히 확실한 결과가 나타나겠지' 하고 자신의 높아진 능력을 기대할 것이다. 하지만 점수는 여름방학 전과 비슷할 것이다. 본인은 크게 실망할 수 있다. 의욕을 잃을 지도 모른다.

하지만 이 책을 통해 뇌의 성질을 배운 여러분이라면, 오히려 '겨우 2개월 만에 효과를 기대하는 것이 이상하지' 라고 느낄 것이다. 그리고 더욱 더 노력할 것이다.

여름방학 때의 공부 효과가 나타나는 시점은 빨라야 가을 이후라고 생각하기 바란다.

충분한 공부 효과를 경험하고 싶다면, 역시 최종 목표에서 1년 이상 앞선 시점에 공부를 시작해야 한다. 장기적 계획성이 중요하다. 그리고 변함없이 노력해야 한다. 바로 효과를 얻지 못했다고 좌절해서는 안 된다. 공부가 힘들어 질 때면 '뇌의 기능은 등비급수적' 이라는 사실을 기억하며 자신을 격려하기 바란다. 언젠가 분명히 효과가 나타날 것이므로 조금만 더 힘내자.

"꿈을 계속 간직하고 있으면 반드시 실현할 때가 온다." 괴테 (작가)

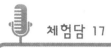

수험생은 시험 직전에 발전한다

입시가 점점 가까워지고 있는데, 가고자 하는 학교의 과거 출제문제도 풀지 못하는 실력 때문에 쩔쩔매고 있습니다. 선생님은 "현역 입시생은 입시 직전에 급격하게 실력이 성장한다."라고 말씀하셨지만, 안심시키기 위한 말에 불과한 것 같습니다. 시간과 실력의 관계가 기울기가 낮은 일차함수라면 시험 당일까지 합격 최저라인을 못 넘을 것 같습니다.

이차함수나 지수함수 정도의 관계여야만 하는데…. 그뿐만 아니라 $y=a$ 그래프 같은 생각이 들어 의욕이 생기지를 않습니다. 그렇다면 기울기가 마이너스인 일차함수처럼 되거나 1보다 작은 지수함수처럼 되어 버리겠어요! (고3 학생)

저자의 충고

선생의 말처럼 현역 입시생은 많은 경우 입시 직전에 급격히 실력이 상승한다. 하지만 공부를 하지 않으면 그 효과는 절대 나타나지 않으니 주의하기를 바란다. 앞서 말한 것처럼 공부와 그 효과의 관계는 지수함수 관계이다. 그러므로 지금 시간과 실력 간의 관계의 기울기(미분계수)에서 미래를 예측하고 실망할 필요는 없다. 분명히 그 예상치보다 좋은 성적을 얻을 것이다. 공부시간을 t라고 하면, 각각의 성적을 s, S에 대해

$s = at$ 일 때

$d^2s/dt^2 = 0$

$S = A^t$ 일 때

$d^2S/dt^2 = (\log A)^2 A^t$

그러므로

$A > 0$이라면

계속 $d^2S/dt^2 > d^2s/dt^2$이다.

그러므로 모의고사에서 낮은 등급을 받아도 포기하지 말아야 한다.

하지만 실력이 지수함수적이라는 말은 바꿔 말하면 진정한 실력을 발휘할 때까지는 그만큼의 시간이 필요하다는 뜻이기도 하다. 시험공부는 조금이라도 빨리 시작하는 것이 좋다.

"인간은 패배했을 때 끝나는 것이 아니다. 포기했을 때 끝나는 것이다."

리처드 닉슨(전 미래통령)

이 책을 마지막까지 읽은 독자라면, 뇌를 앎으로써 효율적인 공부법을 발견할 수 있었으리라고 생각한다. '아, 이렇게 공부해야 되는구나!' 하고 느낀 독자도 있을 것이고, 어딘지 모르게 괜찮다고 느끼던 공부법이 과학적으로 근거 있는 공부법이라는 사실을 깨닫고 '지금까지 해온 내 공부법은 틀리지 않았어!' 라며 더 자신감이 붙은 독자도 있을 것이다.

혹은 '참신한 내용은 아무것도 없었다' 며 실망하는 독자도 있을 수 있다. 그래도 좋다. 기발한 방법이 꼭 훌륭한 방법이라고 할 수는 없다. 오히려 옛날부터 전해 내려오는 상식이 더 올바른 방법이다. 선인들의 피나는 노력과 시행착오 끝에 얻은 실험결과이기 때문이다. 이 책을 통해 저자가 진정으로 시도해보고 싶었던 것은 기기묘묘한 새로운 공부법을 제안하여 독자를 놀라게 하려는 것이 아니다. 오히려 과거 위인들의 경험들을 현대 뇌과학의 관점에서 재해석하고 싶었던 것이다.

아무튼 이 책을 통해 무언가를 느낄 수 있었다면, 저자로서는 대성공이라 하겠다.

학생 여러분은 매일이 공부의 연속일 것이라고 생각된다. 공부

자체가 생활의 중심이라고 해도 과언은 아닐 것이다. 그런 상황에서 문득 궁금증이 생기지 않았는가?

'이런 공부가 장래에 무슨 도움을 줄까?'

고전문학 문법이나 미분·적분법 등을 배운다 한들, 그것들이 자신의 인생에서 어떤 의미를 가질까? 이 지식들로 인해 실생활이 과연 얼마나 바뀔까? 사업이나 출세를 위해 응용이 가능할까? 이러한 의문을 품었다 해도 이상할 것은 없다.

실제로 저자 자신도 일상생활에서 미분·적분법은 물론이고 연립방정식조차 사용해본 적이 없다. 연립방정식 따위는 몰라도 생활하는 데 아무런 지장이 없다. 그러면 왜 공부를 꼭 해야 하는가?

세상에는 시험이라는 제도가 있기 때문에 공부는 어쩔 수 없이 꼭 해야만 한다고 자신을 납득시키는 사람도 있을지 모른다. 대학은 인원 제한이 있다. 그러므로 어떠한 기준을 세우고 학생을 선별해야만 한다. 그것을 위한 판단기준 중 하나로서 시험성적을 사용해온 것이다. 그러므로 공부는 학생에게 피할 수 없는 숙명과도 같다. 이렇게 생각하는 사람도 있다. 분명히 학교공부에 그런 측면이 있음을 부정할 수 없다.

하지만 과연 그것뿐일까?

이 책을 읽은 여러분이라면 이런 생각이 얼마나 좁은 시야에서 비롯된 천박한 생각에 불과한지 알 것이다. 그렇다. 학교공부로 배우는 지식은 지식기억뿐이 아니다. 방법기억도 배우는 것이다.

방법기억은 천재적 능력을 만들어주는 마법의 기억이다. 사물의 통찰력을 키워주며, 종합적 이해력, 판단력, 응용력을 높여주는 기억이다. 센스, 노련함, 직관력 같은 것들의 토대가 되는 것이다.

학교에서 배우는 지식기억은 사회에 나와서 쓸모없게 변하는 지식이 많을지 모른다. 하지만 학교공부를 통해 배운 방법기억은 여러분의 인생 속 여러 가지 국면에서 큰 도움을 줄 것이다. 사회, 가정, 오락, 일, 인간관계…. 다양한 측면을 가진, 인생을 풍요롭게 해주는 마르지 않는 샘물이 방법기억인 것이다.

물론 방법기억은 학교공부 이외에서도 습득이 가능하다. 하지만 초등학생 때부터 고등학생에 이르는 일련의 학교 교육과정은 상당히 잘 설계되어 있다. 이런 학습계획은 하루아침에 완성된 것이 아니다. 교육문화의 긴 역사 속에서 흔들리며 오랜 기간 공들여 만들어진 것이다. 그러므로 방법기억 측면에서 봐도, 게임이나 놀이를 통해 단편적으로 배우는 것보다 학교공부를 통해 배우는 것이 훨씬 더 효과적이다.

자전거 타는 법을 배울 때에, 몇 번이나 반복적인 연습이 필요하다는 것을 기억해보라. 방법기억 습득에서 빼놓을 수 없는 중요한 것은 반복적인 노력, 굴하지 않는 끈기이다. 그 대신 노력과 끈기를 가지고 임하면 능력은 기하급수적으로 상승한다. 이런 효과는 누구의 뇌든 관계없이 가능하다. 우수한 뇌를 가진 사람에게만 일어나는 효과가 아니다.

애초에 가능한 사람과 불가능한 사람의 차이는 공부할 때에 약간의 의욕 차이일 뿐이라고 믿는다.

동물의 뇌를 조사해보면 재미있는 사실을 발견할 수 있다. 예를 들면 쥐의 수염에 대한 뇌 반응을 보자.[29] 수염에 무엇인가가 닿은 순간의 신경 활동을 기록하는 것이다. 실험을 시작하면 쥐가 그저 가만히 있을 때와, 적극적으로 수염을 움직여 무언가를 만지려 할 때가 있다. 그때 뇌의 반응은 전혀 다르다.

스스로 정보를 찾기 시작한 때에는, 수동적으로 정보를 얻을 때보다 10배 이상 강하게 신경세포가 활성화된다. 같은 것을 수염으로 만졌음에도 말이다. 다시 말해 뇌는 적극적인 자세에서 얻은 정보를 중요시 하는 것이다. 마지못해 공부하면 뇌의 효과는 1/10로 줄어들고 만다니, 정말 시간이 아까울 따름이다.

적극적으로 공부를 계속하면 뇌에게 배신당하지는 않을 것이다. 잃을 확률이 있는 도박과 달리 성과가 약속되어 있는 것이다.

마음이 든든하지 않는가? 공부를 하면 할수록 이 말이 사실임을 실감하게 될 것이다.

저자는 학생시절에 많은 시간을 공부에 할애하였다. 하지만 그래도 현재 '더 공부했으면 좋았을 텐데…' 하고 적잖이 후회한다. 여러분도 장래에 나처럼 후회하지 않기 위해서라도 공부를 열심히 해야 할 것이다. 보다 높은 곳을 목표로 하고 있다면 열등감이나 자신감을 버리고, 지금의 자신을 제대로 확인하여 무엇을 해야 할지 파악하자.

공부는 그 시간과는 전혀 상관없다. 중요한 것은 공부를 하고자 하는 의욕, 그리고 공부법인 것이다. 효율적인 공부법을 통해 성과를 올리고, 시간이 남으면 다른 일에 사용하도록 하자. 취미, 자기계발, 데이트, 뭐든지 상관없다. 시간을 효율적으로 사용해 지금이 아니면 할 수 없는, 아름다운 생활을 보내기를 진심으로 바란다.

"램프가 타고 있는 동안 인생을 즐겨라. 시들기 전에 장미를 꺾어라."

마틴 우스테리(시인)

참고문헌

1. Hill, R. A. & Barton, R. A. Red enhances human performance in contests. *Nature* 435, 293 (2005).

2. Maier, M. A., Elliot, A. J. & Lichtenfeld, S. Mediation of the negative effect of red on intellectual performance. *Pers Soc Psychol Bull* 34, 1530–1540 (2008).

3. Karpicke, J. D. & Roediger, H. L., 3rd. The critical importance of retrieval for learning. *Science* 319, 966–968 (2008).

4. Bliss, T. V. & Lomo, T. Long–lasting potentiation of synaptic transmission in the dentate area of the anaesthetized rabbit following stimulation of the perforant path. *J Physiol* 232, 331–356 (1973).

5. Rauscher, F. H., Shaw, G. L. & Ky, K. N. Music and spatial task performance. *Nature* 365, 611 (1993).

6. Huerta, P. T. & Lisman, J. E. Heightened synaptic plasticity of hippocampal CA1 neurons during a cholinergically induced rhythmic state. *Nature* 364, 723–725 (1993).

7. Nakao, K., Matsuyama, K., Matsuki, N. & Ikegaya, Y. Amygdala stimulation modulates hippocampal synaptic plasticity. *Proc Natl Acad Sci USA* 101, 14270–13275 (2004).

8. Shors, T. J., Seib, T. B., Levine, S. & Thompson, R. F. Inescapable versus escapable shock modulates long–term potentiation in the rat hippocampus. *Science* 244, 224–226 (1989).

9. Ramirez, G. & Beilock, S. L. Writing about testing worries boosts exam performance in the classroom. *Science* 331, 211–213 (2011).

10. Briñol, P., Petty, R. E. & Wagner, B. Body posture effects on self–evaluation: A self–validation approach. *Eur J Soc Psychol* 39, 1053–1064 (2009).

11. Diano, S., *et al.* Ghrelin controls hippocampal spine synapse density and memory performance. *Nat Neurosci* 9, 381–388 (2006).

12. Buzsáki, G. Two-stage model of memory trace formation: a role for "noisy" brain states. *Neuroscience* 31, 551–570 (1989).

13. Fenn, K. M., Nusbaum, H. C. & Margoliash, D. Consolidation during sleep of perceptual learning of spoken language. *Nature* 425, 614–616 (2003).

14. Wagner, U., Gais, S., Haider, H., Verleger, R. & Born, J. Sleep inspires insight. *Nature* 427, 352–355 (2004).

15. Mednick, S., Nakayama, K. & Stickgold, R. Sleep-dependent learning: a nap is as good as a night. *Nat Neurosci* 6, 697–698 (2003).

16. Karlsson, M. P. & Frank, L. M. Awake replay of remote experiences in the hippocampus. *Nat Neurosci* 12, 913–918 (2009).

17. Gottselig, J. M., *et al.* Sleep and rest facilitate auditory learning. *Neuroscience* 127, 557–561 (2004).

18. Aarts, H., Custers, R. & Marien, H. Preparing and motivating behavior outside of awareness. *Science* 319, 1639 (2008).

19. Litman, L. & Davachi, L. Distributed learning enhances relational memory consolidation. *Learn Mem* 15, 711–716 (2008).

20. Cho, K. Chronic 'jet lag' produces temporal lobe atrophy and spatial cognitive deficits. *Nat Neurosci* 4, 567–568 (2001).

21. Brawn, T. P., Fenn, K. M., Nusbaum, H. C. & Margoliash, D. Consolidation of sensorimotor learning during sleep. *Learn Mem* 15, 815–819 (2008).

22. Tes, D., Takeuchi, T., Kakeyama, M., Kajii, Y., Okuno, H., Tohyama, C., Bito, H., Morris, R. G. Schema-dependent gene activation and memory encoding in neocortex. *Science* 333, 891–895 (2011).

23. Xu, X., *et al.* Reward and motivation systems: a brain mapping study of early-stage intense romantic love in Chinese participants. *Hum Brain Mapp* 32, 249–257 (2011).

24. Maguire, E. A. & Hassabis, D. Role of the hippocampus in imagination and future thinking. *Proc Natl Acad Sci USA* 108, E39 (2011).

25. Pyc, M. A. & Rawson, K. A. Why testing improves memory: mediator effectiveness hypothesis. *Science* 330, 335 (2010).

26. Tulving, E. Multiple memory systems and consciousness. *Hum Neurbiol* 6, 67–80 (1987).

27. Roberts, W. A., *et al.* Episodic–like memory in rats: is it based on when or how long ago *Science* 320, 113–115 (2008).

28. Nesbit, J. C. & Adesope, O. O. Learning With concept and knowledge maps: a meta-analysis. *Rev Educ Res* 76, 413–448 (2006).

29. Krupa, D. J., Wiest, M. C., Shuler, M. G., Laubach, M. & Nicolelis, M. A. Layer-specific somatosensory cortical activation during active tactile discrimination. *Science* 304, 1989–1992 (2004).

뇌를 속이는 시험공부

최신 뇌과학의 고득점 비결

초판 1쇄 발행   2012년 5월 16일
초판 4쇄 인쇄   2015년 5월 13일

지은이 | 이케가야 유지
옮긴이 | 하현성

발행인 | 김창기
편집·교정 | 김제석
디자인 | 박지숙

펴낸 곳 | 행복포럼
신고번호 | 제25100-2007-25호
주소 | 서울 광진구 구의3동 199-23 현대13차 폴라트리움 215호
전화 | 02-2201-2350
팩스 | 02-2201-2326
이메일 | somt2401@naver.com

인쇄 | 평화당인쇄(주)

ISBN 978-89-959949-9-3 43370

값은 뒤표지에 있습니다.
잘못된 책은 바꾸어 드립니다.